LE DOYEN DE KILLERINE,

HISTOIRE MORALE,

composée sur les Mémoires d'une illustre famille d'Irlande;

Ett ornée de tout ce qui peut rendre une lecture utile & agréable.

Ptar l'Auteur des Mémoires d'un Homme de Qualité.

TROISIEME PARTIE.

A LA HAYE,

Chez PIERRE POPIE, Libraire.

M. DCC. LXXL.

LE DOYEN
DE KILLERINE.

LIVRE CINQUIEME.

DANS la confiance que j'avois inspirée à Rose, & dont j'étois rempli moi-même, nous entendîmes avec joie le bruit d'un carrosse qui arrivoit quelques moments avant l'heure marquée ; & rien ne pouvant retarder notre départ, nous consentîmes à suivre aussi-tôt un homme d'assez bonne mine qui se fit annoncer à moi de la part du Comte de S...... & qui donna la main à ma sœur jusqu'au carrosse. Etant monté avec nous, il me dit que le cocher avoit les ordres du Comte, & que nous serions dans moins de deux heures au lieu où nous souhaitions d'arriver. Ma sœur n'avoit que sa femme de chambre avec elle, & je m'étois fait suivre d'un valet dont la fidélité & le zele étoient à l'épreuve. A peine fûmes-nous hors de Paris que j'entendis le bruit de quelques chevaux qui nous suivoient, & quelques moments après je crus

III. Partie.   A 2

entendre encore la voix de quelques personnes qui paroissoient disputer sourdement derriere nous. Notre guide, à qui j'en marquai de l'inquiétude, me répondit naturellement que c'étoient les domestiques du Comte qui nous composoient une escorte pour la sûreté de notre route. Je n'eus point d'autre sujet d'alarme dans une voiture dont je me croyois le maître, & nous arrivâmes en effet dans l'espace d'environ deux heures à la porte d'une maison dont l'obscurité de la nuit ne me permit point de reconnoître les dehors.

Rien ne m'étant suspect, j'y entrai avec autant de satisfaction que j'en devois ressentir de croire ma sœur dans un asyle sûr & tranquille. Le guide nous fit ouvrir un appartement commode, qui étant composé de plusieurs pieces, pouvoit servir à nous loger ensemble. C'étoit, me dit-il, celui que le Comte lui avoit ordonné de nous offrir. On nous y servit à souper. Je fus surpris de ne pas voir paroître mon valet. On me dit que s'étant trouvé mal derriere le carrosse, il avoit pris le parti de marcher à pied après s'être fait instruire du chemin, & qu'il étoit surprenant en effet qu'il ne fût point encore arrivé. Je me persuadai aisément qu'il pouvoit s'être arrêté sur la route. La nuit étant trop avancée pour me livrer à d'autres soins, je laissai ma sœur dans sa chambre, & je me retirai dans la mienne.

Le lendemain, en sortant d'un sommeil fort paisible, je fus invité par la vue d'un beau jardin, qui se présentoit devant mes fenêtres, à descendre pour y faire quelques tours de promenade; mais je trouvai ma porte fermée, & je m'efforçai en vain de l'ouvrir. Je passai par un cabinet de communication, qui joignoit

ma chambre à celle de ma sœur, dans l'espérance de trouver une autre porté de ce côté-
là; il y en avoit une, mais je la trouvai fermée comme la mienne. Rose dormoit encore.
Je retournai dans ma chambre sans la moindre
naissance de crainte & de soupçon. Mes plaintes tomberent uniquement sur la légereté des
domestiques du Comte, que j'accusai d'avoir
emporté les clefs sans réflexion. Il se passa encore plus d'une heure jusqu'au réveil de Rose, je l'employai à méditer sur tant de faveurs
récentes, dont je me croyois redevable à la
protection du Ciel.

Enfin croyant ma sœur éveillée, je fis assez
de bruit pour me faire entendre des domestiques. Ce ne fut pas tout-d'un-coup qu'on parut y faire attention. J'attendis encore plus
d'un quart-d'heure- Mais ayant frappé plusieurs
fois avec quelques marques d'impatience, j'obtins d'être écouté. Le même homme que j'ai
nommé notre guide ouvrit ma porte, & s'a-
vançant vers moi après l'avoir fermée soigneu-
sement, il me demanda si j'avois besoin de ses
services. Je ne souhaite, lui dis-je, que la liberté de descendre au jardin. Il me répondit
honnêtement que j'étois le maître absolu de
la maison, & qu'il avoit ordre de respecter
toutes mes volontés; mais que de fortes raisons, dont je serois bientôt éclairci, ne per-
mettoient ni à ma sœur ni à moi de sortir
ce jour-là de notre appartement. Quoique je
trouvasse quelque chose de bizarre dans cette déclaration, & sur-tout dans le soin qu'on
avoit eu de nous enfermer sans nous avoir avertis, je m'imaginai sans peine que le Comte
croyoit cette précaution nécessaire à notre sûreté, & que ce qu'il y avoit de choquant dans

l'exécution venoit de la groffiéreté de fes domeftiques. J'entre volontiers, repliquai je,
dans toutes les vues de M. le Comte ; & paffant
dans la chambre de ma fœur, je lui appris d'un
air riant, que par des raifons qui importoient
apparemment au fuccès de nos mefures & à la
tranquillité de notre retraite, nous étions con-
damnés à ne pas nous montrer pendant le refte
du jour. Elle prit la même idée que moi de
cette myftérieufe conduite, & nous n'en trouvâmes pas moins de douceur à nous entretenir
de l'heureux changement qu'un jour ou deux
avoient mis dans notre fortune. Mon valet
n'arriva point, mais l'inquiétude que j'en eus
ne retomba que fur fa fanté.

Vers le foir, dans le temps que pour défen-
nuyer Rofe je paffois avec elle fur cet enchaînement de circonftances qui nous avoient conduits au terme où nous touchions, & que je
l'exhortois à fe rendre digne de tant de bienfaits dont le Ciel fembloit prêt à la combler,
on vint m'avertir que j'étois attendu dans ma
chambre par quelques perfonnes que je connoiffois. Je ne doutai point que ce ne fût le
Comte ; mais voulant lui laiffer le plaifir de
croire qu'il m'avoit furpris, je priai ma fœur
d'attendre que je vinffe la rejoindre avec lui.
Je n'avois qu'un cabinet à traverfer : j'en fer-
mai la porte, qui touchoit la chambre de
Rofe. Mon étonnement fut extrême en effet
d'appercevoir en entrant dans la mienne, non le
Comte de S...... que je me difpofois à em-
braffer de toutes mes forces, mais monfieur &
madame de Sercine, avec une autre Dame qui
m'étoit inconnue. L'air de joie qui étoit déjà
répandu fur mon vifage, fit place à beaucoup
d'embarras & de contrainte. Je n'avois point

oublié les chagrins que M. de Sercine m'a-
voit déjà suscités, & sa présence fut un augure que j'expliquai aussi-tôt dans le sens le
plus contraire à mes espérances.

Il me pria civilement de m'asseoir, comme
s'il se fût attribué quelque autorité dans la
maison, & qu'il eût prétendu en faire les
honneurs. Voyant que j'attendois en silence
qu'il commençât à s'expliquer ; peut-être igno-
rez-vous, me dit-il enfin, que vous êtes ici
dans une maison qui m'appartient ; mais je serois fâché que vous doutassiez de la satisfaction que j'ai de vous y voir. Je n'appris qu'hier
votre retour ; car vous l'avez caché soigneu-
sement à vos amis. Cependant le Roi d'Angleterre en est informé, & c'est par son ordre
que je viens vous déclarer ses intentions. Là-
dessus reprenant tout ce qui avoit précédé le
combat de mes freres, & descendant au détail
de ce qui l'avoit suivi, il composa de quantité
de faits mal entendus ou rapportés infidelement,
un roman sans vraisemblance, tel qu'il avoit
plu à Mylord Linch de le faire au Roi, &
dont la conclusion fut que ce Prince approu-
vant ses vues sur ma sœur, & se souvenant que
mes freres & elle y avoient consenti, sans parler d'un nouveau consentement écrit de la
main & signé du nom de Georges ; Sa Majesté
me défendoit de m'opposer plus long-temps à un
mariage si bien assorti, & d'abuser de mon autorité sur une sœur jeune & timide, pour lui
faire manquer un établissement qui devoit sa-
tisffaire assez mon ambition. Il ajouta que mon
obéissance seroit récompensée, & que le Roi
étendant ses faveurs jusqu'à moi, avoit pris la
réssolution de m'attacher à sa personne en qualité d'Aumônier ordinaire, avec promesse de

s'employer à Verſailles pour me procurer in-
ceſſamment un bénéfice.

Il attacha les yeux ſur moi en finiſſant ce
diſcours, pour chercher d'avance ma penſée
dans les miens. Je confeſſe que dans le ſaiſiſ-
ſement qu'une ſi étrange aventure m'avoit cauſé,
ſé, incertain du lieu où j'étois, ſûr d'avoir été
trahi, & n'oſant encore ſoupçonner perſonne
d'un ſi indigne artifice, un moment ne me ſuffiſoit pas pour reprendre mes eſprits, & pour
donner une forme raiſonnable à ma réponſe.
Je demeurai quelque temps à raſſembler mes
idées, autant qu'à chercher mes expreſſions.
Enfin ne pouvant douter qu'en quelque lieu
que je fuſſe, la trahiſon qui me faiſoit trouver
M. de Sercine au lieu du Comte de S......,
& qui m'expoſoit aux perſécutions de la Cour,
n'eût été tramée par Mylord Linch; cette réflexion, que je ne pus faire ſans me rappeller
toutes ſes témérités & ſes violences, me donna plus d'impatience de parler que je n'avois
eu de peine à rompre le ſilence: mon embarras fut moins à trouver des termes qu'à les
modérer. Je balance trop long-temps, dis-je à
M. de Sercine, en le regardant d'un œil ferme; je ne dois pas vous déguiſer des ſentiments qui ſont juſtes devant le Ciel, & qui ne
craignent rien par conſéquent de la cenſure
des hommes. Ma ſœur m'eſt chere ſans doute, & je ſouhaite de la voir mariée heureuſement; mais Mylord eût-il une couronne à lui
offrir, je le dédaignerois avec ſon projet. Ce
mépris de la grandeur, ſi elle n'eſt accompagnée de la vertu, vous perſuadera d'abord que
l'ambition me touche moins que vous ne vous
l'êtes figuré. Si vous m'accuſez de manquer
de ſoumiſſion pour les ordres du Roi, je réponds

puis que c'est de sa bouche que je souhaite de
le entendre, & je me promets de la justice qui
anime tous les sentiments, que je serai bientôt
asez heureux, our lui voir approuver les miens.
Il est vrai, continuai-je du même ton, que je
n'ai pas toujours été si mal disposé pour Mylord Linch. Mes freres, & ma sœur même,
oit pu lui marquer aussi de l'estime dans un
temps où ils le connoissoient moins. Dispensez-
moi de vous apprendre ce qui nous a refroidis.
Je ne serai point son ennemi ni son accusa-
teur ; mais un autre le détesteroit avec les mêmes raisons, & n'eussions-nous à lui reprocher que la perfidie qui nous met dans cette
prison..... M. de Sercine m'interrompit en
souriant : vous donnez un nom trop dur, me
dit-il, à l'innocent artifice d'un amant ; & si
vous n'avez point d'autre offense à lui reprocher, vous réussirez mal à nous faire approuver votre aversion. Ce discours m'irritant encore, il s'en fallut peu que je n'expliquasse
ouvertement tout ce qui devoit me le faire regarder comme l'homme du monde le plus
odieux ; mais un sentiment de religion me fit
craindre de donner trop à la haine, si je révé-
lois le meurtre de des Pesses, & tant d'autres
excès qui l'auroient exposé à de justes châti-
ments. Je m'applaudis aussi, dans la chaleur où
j'étois, de n'avoir laissé rien échapper qui pût
commettre le Comte de S.... ; & me bornant
aux propositions qu'on venoit me faire, je pro-
testai avec beaucoup de force que rien n'étoit
capable d'altérer mes résolutions.

M. de Sercine m'ayant demandé, d'un air
chagrin, si c'étoit sérieusement que je m'obsti-
mois dans ces idées, & ne tirant point de moi
d'autre réponse, il fit signe à sa femme de se re-

III. Partie.   B

tirer. Je demeurai seul avec lui. Il ajouta quelques autres exhortations que je lui laissai finir
sans l'interrompre, & ne m'arrêtant pas même
à répliquer, je le priai seulement, s'il étoit
vrai que je fusse dans sa maison, de me faire
connoître quel traitement l'on m'y destinoit,
& si l'on prétendoit m'ôter long-temps la liberté. Il me répondit qu'il ne pouvoit s'expliquer là-dessus sans avoir fait le rapport de sa
commission au Roi, dont il n'avoit fait qu'exécuter les ordres. Pendant que notre entretien s'allongeoit froidement, & commençoit
à tomber sur des matieres indifférentes, je crus
entendre quelque bruit dans la chambre de ma
sœur. Je cessai de parler pour prêter l'oreille.
Ce n'est rien, me dit M. de Sercine; n'appré-
hendez rien pour elle. Un moment après le
bruit redoublant avec beaucoup de confusion,
j'entendis la triste Rose qui jettoit des cris per-
çants, & qui m'appelloit à son secours. O per-
fides, m'écriai-je dans le premier transport; &
me dégageant des mains de M. de Sercine qui
fit quelques efforts pour me retenir, je me
hâtai de gagner la porte du cabinet. Ma sœur
étoit de l'autre côté qui tâchoit de l'ouvrir.
J'en vins à bout plus facilement qu'elle; de
forte que l'ayant ouverte en effet, je trouvai
vis-à-vis de moi ma chere sœur qui pensa tomber évanonie entre mes bras. Elle avoit l'air
effrayé, & les yeux chargés de larmes. Ce spectacle m'ayant extrêmement ému, je ne pus
m'empêcher de faire quelques reproches pi-
quants à madame de Sercine qui étoit derriere
elle, avec l'autre dame & quelques domestiques. Ah! s'écria Rose, que veut-elle de
moi, & de quel droit prétend-elle me forcer
de la suivre? Elle veut que je vous quitte pour

ller avec elle à S. Germain, & sur le refus
que j'en ai fait, elle n'a pas eu honte d'employer
les mains de ses domestiques pour me faire
traîner malgré moi jusqu'à son carrosse.

J'avois derriere moi M. de Sercine, qui
prit la parole aussi-tôt pour condamner cette
violence. Nous avions supposé, dit-il à sa
femme, que mademoiselle consentiroit volontairement à nous suivre, & vous ne deviez
pas lui faire d'autre proposition. Ensuite invi-
tant ma sœur à s'asseoir, il la conjura de ne
pas se contraindre dans l'aveu de ses vérita-
bles sentiments. Je sais, lui dit-il, à quoi l'ordre de la naissance vous oblige, & je ne suis
pas surpris de trouver dans une fille vertueuse
de la soumission pour les conseils d'un frere
ainé ; mais vous avez pour vous l'autorité du
Roi, qui daigne favoriser vos inclinations ;
vous avez le consentement d'un autre frere,
que vous devez regarder après tout comme le
chef de votre maison, puisque c'est sur lui que
tombent tous les droits ; ainsi vous êtes libre
de revenir au choix que vous aviez fait, &
dont vous paroissiez autrefois si contente. Le
cœur de Mylord Linch n'est point changé. Il
vous a demandée au Roi comme l'unique prix
des services qu'il doit rendre à ce Prince. De
votre mariage dépend même la fortune de M.
le Doyen, à qui Sa Majesté promet de faire
un établissement honorable à cette condition.
Parlez sans crainte. Consentez à votre bonheur, & rendez même votre frere heureux
malgré lui.

Ce ton me parut plus digne d'un honnête
homme. Je laissai à Rose le soin de se défendre. Elle avoit eu le temps de se remettre assez pour s'expliquer sans embarras. Aussi n'at-

tendit-elle point mon secours. En peu de mots
elle déclara si nettement sa répugnance invincible pour Mylord Linch , & le chagrin qu'elle avoit de ne pouvoir entrer mieux dans les intentions du Roi , que M. de Sercine perdit
entiérement l'espérance. Il avoit peine néanmoins à revenir de sa surprise. Mais, Mademoiselle , répéta-t-il plusieurs fois , vous n'a-
vez pas toujours eu les mêmes dégoûts ; je
vous ai vue autrement disposée aux Saisons ;
Mylord Linch fait même valoir je ne sais quelles promesses par lesquelles vous vous êtes
liée à lui pendant les soins qu'il a pris pour
la liberté de votre frere. Je me les reproche ,
interrompit-elle vivement : & puis n'a-t-il pas
dû vous dire en même temps de quelle condition je les faisois dépendre ? J'avoue , reprit
M. de Sercine, que cet événement me con-
fond. Soyez sûre que bien loin de penser à
vous faire violence , je me serois défendu de
la commission que j'ai acceptée , si Mylord
Linch ne m'avoit fait entendre que c'étoit vous
rendre service autant qu'à lui que de vous
affranchir de l'austere tutelle où vous êtes ;
car M. le Doyen, ajouta-t-il, passe pour un
homme dont les maximes sont un peu gênan-
tes à votre âge. J'ai cru que s'il faisoit difficulté de répondre aux bontés du Roi , madame de Sercine vous engageroit infailliblement
à prendre avec nous la route de S. Germain.

J'affectois , pendant qu'il parloit avec cette
politesse , de ne pas mêler un mot à la conversation , trop content de le voir revenir de
lui-même à la modération dont il s'étoit écarté
avec moi. Cependant il me vint à l'esprit de
profiter de ce changement pour découvrir
par quel artifice nous avions été trompés. Je

lu parlai en homme guéri de mes craintes, & qui commençoit à faire fond fur les civilités dont il continuoit de combler ma fœur. Ce tour d'amant vous laiffe du chagrin, me dit-il en fouriant, & je conçois que vous le par-donnerez difficillement à Mylord Linch. Il confentit là-deffus à m'apprendre toutes les cir-conftances que j'ai déjà rapportées, & dont Mylord Linch s'étoit vanté la veille au coucher du Roi. C'étoit fans la participation de M. de Sercine que ce téméraire avoit formé le deffein de nous faire conduire à fa maifon. Elle étoit à Chatoux, village peu éloigné de S. Germain. S'étant repofé du foin de notre enlevement fur quelques perfonnes dévouées à qui il avoit laiffé fes ordres, il s'étoit rendu hardiment à la Cour, où il s'étoit ouvert, non-feulement à M. de Sercine, qui étoit depuis long-temps dans fes intérêts, mais au Roi mê-me, qu'il eut l'adreffe d'y faire entrer par le tour fpécieux qu'il fut donner à fes préten-tions. Ce Prince, qui étoit la bonté même, & qui fe laiffa perfuader que la réfiftance de ma fœur ne venoit que de mes confeils, re-garda la trahifon dont on s'accufoit fi libre-ment, comme une aventure galante, & le pro-jet du mariage comme une entreprife également utile pour elle & pour moi, par les avan-tages qui en devoient revenir à Rofe, & par ceux qu'il fe propofoit de me faire à moi-mê-me. Après avoir été fi loin, Linch n'avoit pas eu de peine à obtenir les ordres dont M. de Sercine étoit chargé. On comptoit à S. Ger-main d'y voir arriver Rofe avant la nuit; & tout ce qu'il y avoit de gens favorables à Linch ne doutoient pas qu'elle ne fe rendît bientôt à l'appas d'une fortune brillante, lorfque le Roi

interviendroit lui-même pour lui faire fecouer
le joug de mon autorité.

Je trouvai deux chofes tout-à-fait furprenan-
tes dans ce récit ; l'une , que Mylord Linch ,
après tant d'expériences du peu de goût que
ma fœur avoit pour lui , parût fe flatter encore de lui plaire & d'obtenir librement fon
cœur ; car ce ne pouvoit être que cette efpérance qui l'eût fait renoncer à l'ancien défir
de l'enlever pour l'époufer malgré elle. Il auroit pu l'exécuter facilement , après nous avoir
trahis ; & quand il lui auroit été impoffible de
me féparer d'elle pour fe procurer plus de liberté dans mon abfence , tous mes efforts
étoient-ils capables d'y apporter le moindre retardement ? Si l'on ne veut point regarder avec
moi ce changement de projet comme une faveur du Ciel qui veilloit à la confervation de
l'innocente Rofe , il faut y reconnoître l'étrange pouvoir de l'amour-propre dans un homme
fier & orgueilleux , qui ne fe figuroit peut-être
point qu'une femme pût refufer fincérement
de l'aimer , ou qui croyoit du moins fon triomphe certain , lorfqu'il auroit la liberté d'atta-
quer ouvertement fon cœur. A moins qu'on
n'aime mieux penfer , fur ce qu'il m'avoit raconté en Irlande , que , par un autre caprice , il
comptoit pour rien d'être aimé , & qu'à l'exemple de fon pere , il lui fuffifoit de poffeder une
femme aimable , & d'être fûr de fa fageffe.
Dans cette fuppofition il auroit pu fe promettre de l'autorité du Roi ce qu'il avoit d'abord
efpéré de la violence ; & ces deux voies étant
capables de le conduire à la même fin , il
pouvoit choifir indifféremment l'une ou l'autre.

Mais je ne fus pas moins étonné qu'après

deux duels, dont le premier devoit encore
lu caufer de l'inquiétude, & dont l'autre étoit
firécent qu'il ne pouvoit être affuré s'il n'a-
voit pas été découvert, il eût ofé fe montrer
à S. Germain, & fe charger d'un autre atten-
ta qui pouvoit être regardé d'un œil plus
féieux par la Juftice de France que par le
Roi d'Angleterre & M. de Sercine. J'en pris
une plus terrible idée de ce caractere furieux,
que fes propres périls ne pouvoient arrêter; &
rendant graces au Ciel de ceux dont il nous
avoit garantis, je demandai à M. de Sercine
fi nous aurions la liberté de fortir de fa maifon. Vous l'aurez, me répondit-il, fi le Roi
vous l'accorde. Je ne confulterai pas Mylord
Linch fur un devoir fi jufte ; mais je n'ofe-
rois vous rendre libres, ajouta-t-il, fans avoir
pris les ordres du Roi. Sa réponfe me fit craindre que nous ne fuffions pas à la fin de cette
perfécution. La facilité du Roi pouvoit augmenter la hardieffe de Mylord Linch, & lui
faire renouveller des projets qui n'étoient peut-
être que fufpendus. J'aurois offert de me rendre moi-même auprès de ce Prince, pour
folliciter fa bonté & fa juftice, fi je n'avois
appréhendé de laiffer ma fœur fans défenfe. Il
y avoit encore moins de fûreté à la mener avec
fi peu de précautions dans une Cour où elle
n'avoit jamais paru. Enfin M. de Sercine
fe difpofant à nous quitter, je le priai feulement de repréfenter au Roi le regret que nous
avions de ne pouvoir lui obéir dans une affaire
qui n'intéreffoit heureufement que nous, &
l'efpérance où nous étions que Sa Majefté dai-
gneroit mettre notre refpect à d'autres épreuves. Si vous êtes ennemi de la violence, ajoutai-je, vous ne laifferez point le temps à My-

lord Linch de nous fufciter de nôuveaux chagrins , & vous vous emploierez vous-même
à nous procurer la liberté. Ma fœur joignit
fes inftances aux miennes pour l'engager à
nous faire avertir fur le champ de cette heureufe nouvelle.

Loin de me flatter que notre prifon fût élar-
gie après leur départ, je ne penfai qu'à demeurer auprès de Rofe , pour la raffurer contre
mille frayeurs qu'elle n'eut point la force de
me cacher. En fe rappellant tout ce que Mylord Linch avoit pu recueillir de notre con-
verfation dans le parloir du couvent , elle ne
put douter que le nom du Comte de S.....
nous étant échappé plufieurs fois , il n'eût aifé-
ment compris qu'il avoit un nouveau rival.
Cette penfée la fit trembler pour le Comte.
Croyez-vous, me dit-elle , qu'il foit plus ménagé que des Peffes , par un furieux qui n'eft
capable de refpecter perfonne , & qui fe fait un
jeu de répandre le fang d'autrui & le fien ? A
quoi fuis-je réduite , s'il faut que j'aie ce monf-
tre inceffamment attaché à mes pas , & prêt à
maffacrer tout ce qui peut m'aimer ou me plaire ? Mais qu'aura penfé le Comte , reprit elle ,
lorfque voyant fon carroffe revenir fans nous ,
il aura fu de fes gens que nous n'avions point
attendu leur arrivée , & qu'il nous croira partis avec tant d'indifférence pour fon repos que
nous n'avons pas daigné l'en avertir ? N'eft-il
pas en droit de fe former cette idée ? Que
feroit-ce fi mon malheur alloit lui faire foup-
çonner que je fuis au pouvoir de fon rival , &
que je n'ai que la protection du Ciel pour me
défendre ? Toutes ces réflexions me venoient
comme à elle , & je les trouvois fi juftes , que
je ne pouvois me défendre moi-même de l'in-

quiétude qu'elles étoient capables de me cause. Cependant le devoir de notre sexe étant
toujours de soulager la foiblesse des femmes ,
en nous chargeant de la plus grande partie du
fardeau , je la consolois par des maximes vagues de fermeté & de patience , & par la promesse du secours céleste qui ne manque point
tôt ou tard à l'innocence.

Ce fut dans cette occasion que considérant
l'impuissance où j'étois de former la moindre
entreprise pour la secourir , je fis réflexion
combien il est indécent pour un homme d'E-
glise de se mêler volontairement dans des aven-
tures dont sa profession ne lui permet pas de
soutenir toutes les circonstances , ou de répondre à toutes les suites. Un homme d'épée ,
qui n'auroit point eu d'autre résistance à vaincre que celle de quelque serrures & d'un petit nombre de domestiques , eût surmonté tout
d'un-coup des obstacles si foibles ; & Georges
à ma place , par exemple , n'eût pas laissé Rose un moment dans l'embarras dont elle brûloit d'être délivrée. Mais la bienséance de mon
état , la gravité & la modestie dont j'avois formé l'habitude , la patience & l'amour de la
paix que j'avois appris dès ma jeunesse à regarder comme des vertus essentielles à ma condition , m'obligeoient de rejetter tout ce qui
pouvoit ressembler à la violence. Pourquoi
donc m'exposer à des occasions où toutes mes
regles ne m'étoient d'aucun usage ? Que fais-
je ici , me disois-je à moi-même en m'occu-
pant de cette pensée ? Quel personnage pour
le chef d'une paroisse , que de se trouver enlevé & prisonnier dans une aventure d'amour ?
S'il est vrai que je ne puis contribuer de rien
à ma liberté , l'est-il moins que je ne devois

B 5

pas m'expofer à la perdre ? Mais tout étoit pur
néanmoins dans mes vues & dans mes feniments; tout avoit été jufte & prudent dans ma
conduite; c'étoient les devoirs mêmes de la
religion qui m'avoient fait prendre les mefures dont il arrivoit malheureufement qu'ele
étoit peut-être bleffée. Quelle autre reffource,
ajoutois-je, que de me confoler par la droiture de mes intentions, & d'attendre du Cel
qu'il me tire du précipice où il a permis que
je fois tombé ?

Les préparatifs du fouper interrompirent ce
trifte mêlange d'entretiens & de méditations.
On nous propofa de nous mettre à table. Rofe proteftoit qu'elle étoit fans appétit; & la
trifteffe où je la voyois plongée étant capable
de me l'ôter comme à elle, nous allions prendre le parti de faire deffervir ce qu'on nous
avoit déjà préfenté, lorfqu'entendant plufieurs
perfonnes qui montoient tumultueufement
l'efcalier, deux domeftiques qui étoient à recevoir nos ordres, nous quitterent promptement pour aller favoir la caufe de ce bruit.
A peine furent-ils hors de l'appartement, que
je crus entendre plufieurs voix qui crioient
toutes enfemble, arrête. Ce mouvement nous
auroit caufé une vive inquiétude, fi nous
avions eu le temps de nous y livrer; mais nous
fûmes frappés auffi-tôt du fpectacle le plus propre à nous guérir de tout autre fentiment que
celui de la joie. Nous vîmes entrer brufquement, qui ? le Comte de S.... & mon frere
Georges. Ils étoient armés comme en guerre, & fuivis de fept ou huit perfonnes qui l'étoient auffi. Rofe tomba évanouie de joie &
d'étonnement. J'avoue que dans la furprife
que je reffentis moi-même, tous mes efprits

furent quelques moments dans la derniere con_
fufion.

Ayant parcouru des yeux toutes les parties
de la chambre, ils parurent admirer que nous
fuffions feuls, & comme difpofés à manger
tranquillement un fouper fort délicat. Enfuite
fe précipitant au fecours de Rofe, fur laquelle
ils apperçurent l'effet qu'avoit produit leur préfence, ils ne furent pas long-temps à lui faire
rappeller fes efprits. Mais avant que de fatisfaire l'empreffement que nous avions de leur parler & de les entendre, ils demanderent fi nous
n'avions point d'autres ennemis dans la maifon que les domeftiques? Comme j'étois affez
content de leurs fervices pour leur donner un
meilleur nom, je répondis qu'ils étoient tout
au plus nos gardes, & que je n'avois vu
perfonne avec eux. Mon frere ordonna là-
deffus à fes gens de les traiter avec douceur,
& fe contenta de mettre une fentinelle à la
porte.

Ce fut alors que ne pouvant plus réfifter à
l'envie de leur faire raconter le fond d'une
aventure fi merveilleufe, je les preffai de nous
donner fur le champ cette fatisfaction. J'exigeai même qu'ils fufpendiffent un moment
les careffes qu'ils brûloient de faire à ma fœur.
Le Comte, fur qui le foin de nous faire ce
récit fembloit tomber, fit beaucoup valoir le
facrifice auquel je le forçois. Cependant, fes
yeux prenant foin de le dédommager par mille
regards paffionnés, il commença par nous
apprendre ce que fa générofité m'avoit laiffé
ignorer jufqu'alors; que s'étant intéreffé au
fort de mon frere dès la premiere nouvelle qu'il
avoit eue de fon malheur, il n'avoit pas ceffé
de faire folliciter fa grace par un grand nom-

bre d'amis puissants ; qu'à la vérité les nê-
mes raisons qui l'avoient empêché de se déclarer plutôt l'amant de Rose ne lui avoient pas
permis de faire éclater ses sollicitations ; mais
qu'ayant gardé moins de mesures depuis qu'il
s'étoit ouvert à moi dans le cloître des Char-
treux, il avoit poussé cette affaire avec tant de
bonheur, qu'il avoit obtenu de la Cour tout
ce qu'elle pouvoit accorder, c'est-à-dire une
permission secrete de favoriser l'évasion de
mon frere ; que l'ayant communiquée au Gouverneur de la Bastille, qui étoit de ses meilleurs amis, ils étoient convenus du temps &
des moyens de l'exécution ; que le jour avoit
été fixé plus tard ; mais qu'ayant fait réflexion
que rien ne pourroit nous causer une surprise
plus agréable en arrivant à sa terre, ni lui
faire un mérite plus certain auprès de Georges, que de nous rejoindre au moment que
nous y penserions le moins dans une retraite
sûre & agréable, il s'étoit hazardé la veille à
presser si instamment le Gouverneur, qu'il
l'avoit fait consentir à le satisfaire dès le soir
du même jour ; qu'il s'étoit fait une joie extrême d'aller prendre mon frere dans une chaise de poste, d'être le premier à le féliciter de
sa liberté, enfin de le mener directement à sa
terre, où il lui avoit découvert toutes ses espérances, & la parole que nous lui avions
donnée de nous rendre le soir au même lieu.

Mais figurez-vous, reprit-il, quel fut mon
étonnement & mon désespoir, lorsqu'une
partie de la nuit s'étant passée à vous attendre,
je vis arriver enfin sans vous la personne que
j'avois chargée de vous aller prendre au couvent ! Je découvris une partie de la vérité dans
son embarras. Il me dit qu'ayant appris du por-

ter que vous étiez partis une demi-heure auparavant, & s'étant fait informer de toutes les
erconstances de votre départ, il avoit été frappé du rapport qui se trouvoit entre ce qui s'é-
toit passé & les ordres qu'il avoit reçus de moi:
C'étoit un homme seul, avec qui vous étiez
partis; il avoit demandé M. le Doyen de ma
part : sa voiture étoit un carrosse de remise.
Vous y étiez montés aussi-tôt en habit de campagne, avec votre femme de chambre & vos
malles. Enfin confondu de voir sa commission
déjà exécutée dans les mêmes termes, quoiqu'il n'eût reçu mes ordres que depuis moins
d'un quart-d'heure, il s'étoit long-temps agité
pour trouver quelque jour à ce mystere ; mais
ne recevant d'éclaircissement de personne, il
avoit pris la résolution, me dit-il, de venir
m'en demander à moi-même.

Tout nous parut si effrayant dans ce récit,
continua le Comte, que, sans rien consulter,
nous nous déterminâmes en deux mots à partir sur le champ pour Paris. Je me souvenois
des sujets d'alarme que vous m'aviez com-
muniqués. Mon premier soin, en arrivant, fut
d'envoyer un de mes gens chez vous. On lui
répondit que vous étiez allé pour quelque
temps à la campagne. Ma crainte ne faisant
qu'augmenter, j'étois désespéré que la nuit
m'ôtât toutes sortes de moyens de suivre mon
impatience. Il fallut attendre le jour. J'allois
sortir ce matin pour me rendre moi-même
chez vous, d'où j'espérois tirer du moins
quelques lumieres, lorsqu'on est venu m'annoncer votre valet qui demandoit instamment
à me voir. Il étoit dans un état à faire pitié,
sale, défiguré, accablé de peine & de lassitude.
Sans me donner le temps de l'interroger, il m'a

déclaré, la larme à l'œil, que vous aviez été
enlevés par quelque perfidie, & qu'il n'en
pouvoit soupçonner que Mylord Linch. Mille
questions que nous lui faisions à la fois nous
auroient procuré peu d'éclaircissement, si ce
garçon, qui m'a paru affectionné, & qui m'a
fait juger, par la maniere dont il s'est expliqué,
que vous le traitez avec confiance, ne nous
avoit prié lui-même de lui laisser la liberté de
nous répondre avec plus d'ordre. Vous atten-
diez au couvent, nous a-t-il dit, le carrosse
& le guide que je vous avois promis ; on étoit
venu vous avertir de leur arrivée, & vous vous
étiez laissés conduire sans la moindre défiance.
Mais à peine fûtes-vous sortis du fauxbourg
Saint Honoré, que quatre cavaliers armés,
dont l'obscurité ne l'empêcha point d'en reconnoître deux pour des gens de Mylord
Linch, se mirent à la suite du carrosse, &
l'ayant serré de près, l'un d'eux lui avoit présenté la pointe d'un poignard, en lui ordon-
nant de descendre sans bruit, s'il n'aimoit mieux
être percé de mille coups. Il céda à la force :
deux cavaliers demeurerent à le garder jusqu'à ce que le carrosse eût pris une certaine
avance, & l'ayant laissé seul au milieu du chemin, ils prirent le galop pour rejoindre leurs
compagnons. L'espérance de découvrir leurs
traces fit marcher ce fidele garçon à grands
pas jusqu'à Saint Germain, en demandant de
leurs nouvelles à chaque personne qu'il ren-
controit sur la route ; mais ceux qui les avoient
vus passer n'ayant pu lui apprendre où ils s'é-
toient arrêtés, le désespoir le fit revenir sur
ses pas pour m'informer du moins de votre
infortune. Il est arrivé aujourd'hui à la pointe
du jour, & n'ignorant pas, m'a-t-il dit, l'in-

térêt que je prends à votre sûreté, il n'a pensé qu'à me rendre compte d'un accident si funeste.

L'incertitude du chemin qu'on vous avoit fait prendre, poursuivit le Comte, étoit la seule raison qui pût suspendre un moment nos transports. Nous serions montés aussi-tôt à cheval, nous aurions volé sur vos pas. Nous serions sortis du moins de Paris par la même porte ; mais où serions-nous allés, lorsque nous ignorions de quel côté il falloit vous chercher ? C'est ce cruel embarras qui m'a fait naître à l'esprit d'envoyer chez tous les loueurs de carrosse, pour découvrir le cocher qui vous avoit conduits, & savoir de lui où il vous avoit laissés. Je me suis applaudi de cet expédient, & me fortifiant d'un ordre de la Police, j'ai mis aussi-tôt tous mes domestiques en mouvement. Pour le vôtre, ayant su de lui-même qu'il connoissoit la demeure & les gens de Mylord Linch, je l'ai chargé de s'informer sans affectation de tout ce qui pouvoit servir à nous faire connoître ses desseins. Il parloit de le déférer à la Justice ; mais nous lui avons défendu des voies indignes de nous, ou qui doivent être réservées du moins pour la derniere extrêmité. J'ignore pourquoi nous ne l'avons pas revu d'aujourd'hui.

Quelque diligence que mes gens aient apportée à l'exécution de mes ordres, ils n'ont pu découvrir ce qu'ils cherchoient qu'à la fin du jour. Ils nous ont amené votre cocher, qui ne s'est pas fait presser pour nous apprendre qu'il vous avoit conduit à Chatoux ; & sa propre curiosité lui ayant fait demander ici le nom du maître de cette maison, il nous l'a déclaré avec la même franchise. Ce que nous avions

peine à croire fur fon témoignage, c'étoit la
facilité & l'air de confentement avec lequel il
nous affuroit que vous vous étiez laiffés conduire ; mais vous ignoriez fans doute le terme
& le chemin. Quelle dut être votre frayeur
en recevant cette explication ! La nôtre s'eſt
évanouie, lorfque nous avons fu que vous étiez
chez M. de Sercine. Nous nous fommes per-
fuadés fans peine que vous n'aviez point d'in-
fulte à craindre dans la maifon d'un honnête
homme.

Cependant les feules importunités de Mylord Linch pouvant vous devenir fort à charge, & nous figurant d'ailleurs que votre liberté pourroit nous coûter quelque effort,
nous n'avons pas cru que la prudence nous
permit de venir à votre fecours fans avoir
pris des précautions qui nous rendiffent ici les
maîtres. J'ai fait armer tous mes domeftiques.
Mon deffein étoit d'arrêter en entrant Mylord Linch, que je fuppofois avec vous, & de
le faire garder l'efpace de quelques heures par
mes gens, pour le punir par cette frayeur de
celle qu'il vous a caufée. J'ai avec moi un
carroffe à fix chevaux, qui vous auroit menés
pendant ce temps-là dans ma terre, efcortés
d'une partie de mes gens ; & lorfque j'aurois
jugé à propos de rendre la liberté à Mylord
Linch, je lui aurois fait entendre, en lui of-
frant toutes les fatisfactions qu'il auroit dé-
firées, qu'un Français eft ennemi de l'artifice, & prend des voies plus refpectueufes
pour obtenir ce qu'il aime. Mais nous avons
été fort agréablement furpris, ajouta le Comte, de voir régner ici une tranquillité profonde, & de ne trouver à la porte qu'un feul do-
meftique, à qui la frayeur a fait auffi-tôt con-

fefer que vous êtes dans cette maifon depuis
hier au foir.

Dans le temps qu'il finiffoit ce récit, & que
je commençois à rendre graces avec Rofe à
nos chers libérateurs, je fus interrompu par
l'arivée de mon valet, qui entra fans m'a-
voir fait avertir, & qui fut d'abord obligé de
ferepofer quelques moments, parce qu'il étoit
tout-à-fait hors d'hâleine. Cette fcene ayant at-
tiré toute notre attention, je le preffai d'expliquer le fujet d'un empreffement fi vif. Oui,
me dit-il avec une efpece de tranfport qui marquoit la joie qu'il avoit de nous revoir, j'ai
des événements admirables à vous raconter;
mais commencez par délibérer enfemble fur la
réception que vous voulez faire à Mylord
Linch, qui n'eft peut-être qu'à deux cens pas
de cette maifon. Un avis de cette nature demandoit en effet toutes nos réflexions. L'é-
tonnement qu'il nous caufa nous porta d'abord
à nous regarder les uns les autres, comme
pour nous confulter mutuellement fur le parti
que nous avions à prendre. Eft-il accompagné,
demanda le Comte? Jacin, c'étoit le nom de
mon valet, nous affura qu'il étoit à cheval,
lui quatrième, & fuivi d'une chaife vuide à
deux places, qui retardoit un peu fa marche.
Après un moment de méditation, le Comte fut
d'avis qu'étant les plus forts, nous devions
l'attendre tranquillement, & lui accorder même l'entrée de la maifon, pour nous faire un
plaifir de l'étonnement qu'il auroit de nous y
trouver en fi grand nombre. Cependant, pour
lui ôter d'abord tout efpoir de réuffir par la
violence, il donna ordre à fes gens de fe tenir dans la cour auprès de leurs chevaux, qui
y étoient encore, & de revenir dans l'apparte-

ment auffi-tôt qu'il y feroit entré. Nous at-
tendîmes en paix l'effet de cette réfolution.

Jacin, à qui je demandai plus d'explication,
fe mit à nous raconter qu'après avoir quitté
le Comte de S.... il étoit allé, fuivant fes ordres, à l'hôtel où logeoit Mylord Linch, &
qu'ayant appris qu'il étoit à S. Germain, il
avoit formé fur le champ le plan d'un ftrata-
gême qui avoit réuffi au-delà de fon attente.
Il eft étrange, nous dit-il en badinant d'affez
bonne grace pour un homme de cette forte,
que ces riches Mylords viennent impunément
nous tuer & nous enlever en France. Nous
n'avons pas voulu nous rendre fes délateurs,
parce que nous avons trop de grandeur d'ame
pour nous avilir par cette baffeffe. Mais n'ayant
pas moins d'efprit, nous nous y fommes
pris avec affez d'adreffe pour nous défaire d'un
vifage qui nous chagrine. Il continua de nous
dire plus férieufement qu'il s'étoit rendu à S.
Germain, & qu'ayant cherché l'occafion de
fe faire voir de Linch, il en avoit été reconnu
tout-d'un-coup. Linch lui avoit fait figne de
s'approcher, & paroiffant furpris de le voir
fans moi, il lui en avoit demandé la raifon.
Celui-ci, dont le rôle étoit préparé, fe plai-
gnit beaucoup de la dureté que j'avois eu
pour lui ; & feignant de m'avoir quitté depuis peu de jours à l'occafion de quelque démêlé dont il fit l'hiftoire, il lui demanda fa
recommandation auprès de fes amis. Enfuite
paroiffant étonné de le trouver fi tranquille à
S. Germain ; mais, Mylord, lui avoit-il dit,
je vous vois ici dans une négligence de vos
affaires qui me fait trembler pour vous. Igno-
reriez-vous que la Juftice vous cherche dans
tous les quartiers de Paris ? On a découvert

que c'est vous qui avez tué M. des Pesses, & ses parents ont mis tous les gardes de la Maréchaussée sur vos pas. Cet avertissement le fit pâlir. Son premier combat n'avoit point été fort embarrassant pour lui par ses suites, parce que s'étant retiré d'abord au château de S. Germain, la considération du Roi avoit obligé la Justice à garder des ménagements, & personne ne s'étant présenté pour presser les poursuites, elles étoient tombées d'elle-mêmes, sur-tout lorsque les sollicitations qu'on avoit commencées pour mon frere eurent disposé la Cour à quelque indulgence. Il avoit eu la hardiesse de paroître après s'être rétabli de ses blessures, & les mêmes raisons avoient fait fermer les yeux à la Justice. Mais comprenant que la mort de des Pesses étoit un cas beaucoup plus sérieux, & ne s'étant assuré jusqu'alors que par le secret où il s'étoit flatté qu'elle pourroit demeurer ensevelie, il commença à sentir la grandeur du danger. Suis-moi, dit-il à Jacin; & gagnant aussi-tôt le château, où il se crut moins exposé, il recommença à l'interroger curieusement sur ce qu'il venoit d'entendre. Jacin n'épargna rien pour redoubler ses frayeurs. Enfin après avoir médité long-temps : tu peux m'être utile, lui dit-il, & tu seras libéralement récompensé. Je te rejoins ici dans quelques moments. Il donna ordre d'un autre côté à l'un de ses gens d'aller faire préparer ses chevaux & sa chaise, & montant à l'appartement du Roi, où il ne fut pas plus d'un quart-d'heure, il vint rejoindre en effet Jacin. Ecoute, reprit-il; le Roi m'ordonne de repasser en Irlande, & je crois ce voyage nécessaire. Je partirois à ce moment, si je n'attendois M. de Sercine, avec qui j'ai

des affaires à terminer. Prends la poste, ajouta-
t-il en lui mettant quelques louis dans la main,
va trouver mon maître d'hôtel à Paris, & dis-
lui de partir sur le champ avec toi pour venir
recevoir mes ordres chez M. de Sercine à
Chatoux. Compte que j'y serai à ton retour.
Sois fidele. La nuit qui s'approche vient à
propos pour nous favoriser. Jacin l'alloit quitter, assez satisfait de ce qu'il avoit entendu,
& remettoit à délibérer en chemin sur les lumieres qu'il en vouloit tirer pour découvrir où
nous étions, lorsqu'il vit approcher le carrosse
de M. de Sercine qui arrivoit de Chatoux. Il
le connut à l'empressement que Linch eut de
faire descendre ce Gentilhomme, avec lequel
il se retira aussi-tôt à l'écart. Pendant qu'ils
étoient à s'entretenir, Jacin sut lier adroitement un autre entretien avec les domestiques
du carrosse; & s'étant déjà défié, à cette apparence de mystere, que M. de Sercine avoit
quelque part à l'intrigue, il n'eut pas de peine
à faire parler des gens moins adroits que lui,
auxquels d'ailleurs M. de Sercine n'avoit eu
nulle raison de recommander le secret.

Etant au comble de sa joie d'avoir découvert si heureusement notre retraite, le voyage
de Mylord Linch à Chatoux commença à lui
paroître tout-à-fait suspect. Pourquoi ce soin
au moment qu'il prétendoit partir pour l'Irlande? Il lui vint envie là-dessus de s'assurer
davantage des mesures qu'il alloit prendre pour
son départ. Ainsi ne se hâtant point lui-même
de partir, il attendit que la conversation fût
finie avec M. de Sercine; & lorsque Linch,
surpris de le voir encore, le pressa de monter à
cheval, en lui renouvellant les mêmes ordres,
il alla bien à la poste s'en faire préparer un;

mais retournant sur ses pas sans être apperçu,
il se donna le temps d'examiner dans quelle
voiture & avec quelle suite notre ravisseur alloit partir. Il prit néanmoins assez d'avance
pour s'assurer d'être à Chatoux avant lui, dans
la résolution, nous dit-il, de demander aussi-
tôt main-forte aux chefs de ce village, s'il s'appercevoit que nous fussions exposés au moindre danger.

Je suis persuadé, reprit-il après cette relation, que l'ennemi n'est pas loin à présent,
quoiqu'il y ait eu de l'exagération à vous dire d'abord qu'il n'étoit qu'à deux cens pas.
Mais j'admire, ajouta-t-il, que vous n'ayez
fait aucune attention à cette chaise qu'il amene à vuide. Croyez-vous que, partant pour l'Irlande, son dessein ne soit pas de la faire remplir
par mademoiselle Rose? Cette réflexion nous
parut assez importante pour nous reprocher
qu'elle nous fût échappée. Je m'imaginai même
que s'il venoit avec ce noir projet, il ne seroit peut-être pas disposé à s'effrayer du nombre, & que dans le mouvement de son désef-
poir il auroit assez de témérité pour tout risquer. Le Comte & mon frere rirent de mes
craintes; cependant j'exigeai absolument, pour
la sûreté de ma sœur, qu'elle ne demeurât
point dans la chambre où l'on se proposoit de
le recevoir; & Jacin n'y pouvant paroître non
plus, je les fis passer tous deux dans la mienne.

Le Comte qui étoit trop passionné pour pardonner aisément tant d'odieux procédés à son
rival, forma un autre dessein sans nous le communiquer. Nous ayant quitté sous quelque
prétexte, il descendit pour changer l'ordre
qu'il avoit donné à ses gens. Au lieu de les
faire demeurer dans la cour, il voulut qu'il

n'y reſtât rien qui pût faire juger que la maiſon fût ſi bien défendue, afin que Mylord Linch y entrât ſans aucune défiance. Il ordonna que tous les chevaux, juſqu'à ceux du carroſſe, fuſſent enfermés dans l'écurie, & que tous ſes gens, à l'exception d'un ſeul qui devoit garder la porte pour la fermer doucement ſur Linch auſſi-tôt qu'il ſeroit entré, ſe tinſſent dans l'intérieur de la maiſon, au bas même de l'eſcalier, où il étoit réſolu d'être à leur tête. Sa vue, telle qu'il nous l'expliqua enſuite, étoit de faire ſaiſir le téméraire raviſſeur, en lui laiſſant douter ſi ce n'étoit pas entre les mains de la Juſtice qu'il étoit tombé; il ne lui auroit laiſſé qu'un de ſes domeſtiques, qu'il auroit fait monter dans la chaiſe avec lui, après l'avoir interrogé ſur toutes les circonſtances de ſon deſſein; il auroit chargé quatre de ſes gens de le conduire juſqu'à Dieppe, où ils l'auroient forcé de s'embarquer pour l'Irlande, en le menaçant de le mettre entre les mains de la Juſtice, s'il eût entrepris de leur cauſer de l'embarras par la moindre réſiſtance.

Cette maniere de ſe venger ne bleſſant aucune loi, je n'aurois pas fait difficulté de l'approuver; mais les événements prirent un autre cours. Le Comte n'étoit remonté que depuis un inſtant, lorſque Mylord Linch parut à la porte. La vue de douze ou quinze chevaux qu'on n'avoit pas eu le temps de mettre à l'écart, & celle d'une multitude de domeſtiques qui étoient en mouvement dans la cour, lui fit renaître toutes les idées dont mon valet s'étoit efforcé de le remplir à S. Germain. Il ne douta point que ce ne fût autant d'Archers de la Maréchauſſée qui s'étoient rendus à Cha-

toux pour le furprendre. Cette penfée lui fit
prendre le parti de s'enfuir avec toute la vîtef-
fe de fon cheval, en criant à fes gens de le
fuivre. D'un autre côté ceux du Comte, qui
s'apperçurent de fon évafion, & qui furent au
défefpoir de n'avoir pas exécuté plus heureufement les ordres de leur maître, fe perfua-
deient que, pour réparer leur négligence, il
falloit fe mettre auffi-tôt fur fes traces, & ne
rien épargner pour le joindre. Leurs chevaux
étoient prêts. Il partirent en tumulte, & cou-
rurent à bride abattue du côté qu'ils enten-
doient encore le bruit des fugitifs.

Nous ne fûmes avertis de cet incident qu'a-
près leur départ. Le Comte, fort affligé de
voir échapper fa proie, & plus alarmé encore
de la réfolution de fes gens, dont il n'étoit
pas fûr que le zele fût accompagné d'autant
de prudence, demeura dans une extrême confternation jufqu'à leur retour. N'étant pas plus
tranquille au fond du cœur, j'étois furpris que
mon frere parût feul fans agitation ; & que
gardant même le filence fur tout ce qui fe paffoit à fes yeux, il femblât affecter de n'y prendre aucune part. Je lui en marquai de l'étonnement. Il me répondit en fouriant que j'ignorois combien le rôle qu'il avoit à foutenir
étoit délicat. Vous ne favez pas, me dit-il,
qu'outre le confentement que j'ai donné par
écrit au mariage de ma fœur avec Linch, ce
téméraire eut l'adreffe avant-hier de m'engager
dans une nouvelle démarche qui fe trouve aujourd'hui contraire à toutes mes inclinations.
M'ayant fait valoir tous les avantages qu'il
étoit réfolu de faire à ma fœur, il m'en donna les articles fignés de fa main, & il y joignit
pour moi deux mille écus de penfion, qu'il

s'engagea à me faire payer pendant toute ma
vie. Il eſt vrai, continua Georges, qu'ébloui
par ces promeſſes, & n'ayant point entendu
parler de vous depuis pluſieurs jours, je con-
firmai la parole que je lui avois donnée de ne
pas m'oppoſer à ſes prétentions; & de pluſieurs
voies qu'il me propoſa encore pour les faire
réuſſir, je n'exceptai que la violence. C'eſt
de-là apparemment qu'il a pris occaſion de renouveller ſes inſtances à la Cour de S. Germain. Vous ne devez pas douter, ajouta mon
frere, que je ne mette une différence extrême
entre le Comte & lui, & que mon penchant
ne s'accorde à préſent avec le vôtre; mais lié
comme je ſuis par mes promeſſes, je trouve
de l'embarras dans ma ſituation, & je ſouhai-
terois du moins, pour me croire autoriſé à les
rompre, que Linch n'eût pas été fidele à toutes les ſiennes.

Pendant qu'il me tenoit ce diſcours, & que
je préparois facilement ma réponſe, on nous
annonça l'arrivée d'un meſſager de monſieur de
Sercine. Ce Gentilhomme s'étoit ſouvenu que
je l'avois prié inſtamment de nous faire ſavoir
les intentions du Roi, & de quelle maniere Sa
Majeſté auroit reçu ma réponſe. Rien n'étoit
plus capable de nous prouver l'honnêteté de
ſes vûes que le ſoin qu'il prenoit de nous donner une ſatisfaction ſi prompte. Il nous faiſoit
dire, qu'ayant rendu compte de nos ſentiments
à Sa Majeſté, elle avoit paru offenſée de la
hardieſſe de Mylord Linch, qui lui avoit toujours fait entendre que les obſtacles venoient
uniquement de moi, & que l'inclination de
ma ſœur étoit contrainte. Le meſſager ajouta
que le Roi nous laiſſoit libres, & que mécon-
tent de la conduite de Linch, il lui avoit ordonné

donné de quitter inceffamment la France. Cette
explication qui fervoit encore à nous affurer que
dans quelque deffein que Mylord Linch fût venu
à Chatoux, M. de Sercine ignoroit fes vues,
acheva de nous ôter nos défiances, & mon frere
même fe crut moins lié à Linch en apprenant que
fes intentions & fa conduite n'étoient pas ap-
prouvées à la Cour. Mais un nouvel incident le
confirma tout d'un coup dans cette difpofition.
Une partie des gens du Comte s'étant fait entendre dans la cour, il n'y eut perfonne à qui la curiofité ne fit fouhaiter auffi-tôt de favoir ce qui
leur étoit arrivé. Le Comte, qui étoit defcendu
au premier bruit, nous amena au même moment
le cocher de Linch qui avoit été arrêté avec fa
chaife. Quelques menaces l'ayant difpofé à parler fans déguifement, il nous confeffa que le projet de fon maître avoit été d'enlever ma fœur
dans cette voiture, & de la conduire ainfi jufqu'à
la mer, où il avoit déjà envoyé un de fes gens
pour y tenir un vaiffeau prêt à fon arrivée. Dans
la crainte de trouver quelque difficulté fur la
route, il avoit pris la réfolution de ne marcher
que la nuit, & de s'arrêter pendant le jour dans
des lieux écartés. La chaife avoit été remplie de
vivres & de toutes les provifions qui pouvoient
foulager ma fœur dans une marche fi incommo-
dée. Quelque témérité qu'il y eût dans cette entreprife, la fuite de mon récit ne vérifiera que
trop qu'elle n'étoit pas impoffible. Linch auroit
ainfi triomphé des dégoûts de la malheureufe
Rofe. A la vérité il n'auroit pas joui long-temps
du fruit de fon crime. La feule relation du péril
qu'elle venoit d'éviter la fit tomber dans un éva-
nouiffement fi profond, qu'il nous fit craindre
quelque chofe pour fa vie. Qu'auroit-ce été de
fe voir arracher fans reffource à tout ce qu'elle

III. Partie. C

aimoit , pour tomber entre ses mains d'un
homme qui lui avoit toujours été odieux ?

J'étois curieux d'apprendre comment le ravisseur avoit pu échapper à ceux qui avoient arrêté
sa chaise. Ils nous racontèrent qu'ils l'avoient
serré de fort près, mais que la vitesse de ses chevaux , qui étoient d'excelents coureurs d'Angleterre, l'avoient bientô: dérobé à leur vue &
à leurs poursuites. Une si vive alarme nous fit
croire que l'amour avoit cédé à la crainte , &
que nous n'avions plus d'insulte à redouter de
ce côté-là. Mon frere fut le premier à me dire ,
qu'après une entreprise si contraire à leur dernier traité , il se croyoit quitte de toutes ses promesses. Nous délibérâmes sur le parti qui nous
restoit à prendre. Quoiqu'il y eût peut-être
moins de danger que jamais pour Rose à retourner à Paris , nous ne pûmes nous défendre contre les instances du Comte qui nous pressoit de
nous rendre à sa terre. Mais il nous parut qu'a-
vant notre départ le devoir obligeoit mon frere d'aller faire sa cour au Roi, pour achever de
nous concilier la protection de ce Prince , en
lui rendant compte de tous les procédés de Mylord Linch. La nuit n'étoit pas si avancée qu'il
ne pût espérer de paroître encore au coucher ;
& cette heure étoit d'autant plus favorable ,
que dans les premiers jours de sa liberté la
bienséance ne lui permettoit pas de se montrer
ouvertement. On lui avoit recommandé cette
précaution , & l'on avoit même exigé qu'il
changeât de nom aussi long-temps qu'il con-
tinueroit de demeurer en France ; de sorte
qu'au lieu de se faire nommer le Comte de....
comme il avoit fait jusqu'alors , il prit le nom
supposé de Mylord Tenermill.

Pendant deux heures que dura son absence,

J'aurois souhaité de pouvoir entretenir le Comte de S...... sur quantité de points importants dont je ne voulois pas décider sans sa participation. Mais il me fut impossible de le séparer un moment de ma sœur. Ces deux tendres amans, libres enfin pour la premiere fois, ne connoissoient rien de plus important que la satisfaction de regarder & de recevoir de la bouche l'un de l'autre les assurances du bonheur qu'ils désiroient depuis si long-temps. Ma présence servant comme à soulager la modestie de Rose, je remarquois qu'elle ne paroissoit pas moins touchée que son amant, & que l'interruption que je voulois apporter à leurs plaisirs ne lui auroit pas causé moins de chagrin qu'à lui. Ainsi mon unique rôle jusqu'au retour de mon frere, fut de les voir & de les entendre ; & n'ayant en effet rien de plus cher que le contentement de Rose, j'étois pénétré de joie moi-même de la voir heureuse sans aucun risque pour son innocence.

Mon frere, à qui je ne donnerai plus d'autre nom que celui qu'il venoit de prendre, & sous lequel il s'étoit présenté au Roi, revint si satisfait de son voyage, qu'il nous communiqua aussi-tôt l'air de joie avec lequel nous le vîmes paroître. Il avoit fait à ce Prince un récit fidele de notre aventure, qui l'avoit disposé à condamner de nouveau les violences de Linch, & à nous promettre toutes les faveurs qu'il auroit occasion de nous accorder. Sensible même à l'attention que nous avions eue de prendre ses ordres avant que de nous éloigner de Chatoux, il nous faisoit offrir un détachement de ses Gardes pour la sûreté de notre route ; & félicitant mon frere sur la liberté qu'il venoit d'obtenir, il lui avoit promis de s'em-

ployer à la Cour pour lui faire reftituer fa compagnie & notre petite terre des Saifons. M.
de Sercine, à qui Mylord Tenermill n'avoit
pas manqué de faire auffi quelques politeffes,
nous faifoit affurer fans exception de fon amitié & de fes fervices, & nous fupplioit d'ufer de
fa maifon comme fi elle nous eût appartenu.

Des nouvelles fi agréables ayant diffipé tout
ce qui pouvoit nous refter d'inquiétude, nous
aurions accepté pour le refte de la nuit l'offre
de M. de Sercine, fi nous n'euffions confidé-
ré que, pour rendre le fecret de notre marche
plus impénétrable, il étoit à propos de nous
y faire conduire dans l'obfcurité. Ainfi nous
étant déterminés fur le champ à partir, nous
jugeâmes qu'il étoit même inutile de nous faire accompagner par d'autres domeftiques que
ceux qui étoient néceffaires au carroffe, ou que
ceux du moins que le Comte avoit déjà mis
dans fa confidence. Les autres furent laiffés à
Chatoux pour y garder jufqu'au lendemain le
cocher de Linch, avec ordre de lui rendre la
liberté vers le milieu du jour, c'eft-à-dire dans
un temps où il nous importeroit peu quel récit
il pourroit faire à fon maître.

Notre route fut courte & heureufe. Le jour
qui commençoit à luire lorfque nous arrivâmes au château du Comte, nous fit obferver
que nous allions être à couvert de toutes fortes de craintes dans une maifon fi vafte & fi bien
défendue par fa fituation. Rofe fut extrêmement fenfible aux compliments flatteurs du
Comte, qui la pria de fe regarder d'avance comme la maitreffe abfolue de tout ce qui étoit autour d'elle. Cette proteftation ne pouvoit lui paroître incertaine avec la jufte affurance qu'elle
avoit d'être aimée. Tout le monde ayant befoin

de repos à la fin d'une nuit si agitée, on ne pensa qu'à se retirer dans les appartements que le Comte nous avoit fait préparer. J'étois déjà dans le mien, & je commençois à juger par le silence qui régnoit dans la maison, que chacun se disposoit au sommeil, lorsque j'entendis frapper doucement à ma porte. J'ouvris, & si je fus étonné d'y appercevoir le Comte, je le fus encore plus du discours qu'il me tint.

Vous êtes enfin dans un lieu sûr, me dit-il, vous y êtes le maître; & tout ce que je laisse ici de gens sont d'un caractere si éprouvé, qu'ils se feront une étude de vous respecter & de vous obéir. Je pars avec toute la satisfaction que je m'étois promise, certain du cœur de la belle Rose & de votre amitié, qui sont les deux biens auxquels tout le bonheur de ma vie est attaché. Vous partez, interrompis-je avec surprise? Oui, reprit-il, & je me fais cette violence sans regret. C'est à cette condition que je vous ai pressé d'accepter cette retraite chez moi, & je comprends que dans les premiers jours de mon deuil la bienséance ne me permet pas d'être ici plus long-temps qu'il ne faut pour vous y recevoir. Si votre complaisance m'empêche de me le représenter, mon devoir ne m'oblige pas moins d'y faire attention. Je vous laisse, ajouta-t-il, des chevaux, des voitures, toutes les commodités que j'ai pu m'imaginer. Regardez-les comme à vous, n'épargnez pas davantage mes services à Paris où je vais attendre vos ordres, jusqu'à ce que la tyrannie de l'usage me rende la liberté de reparoître ici pour vous les demander moi-même.

J'admirai cette délicatesse dans un amant si passionné; & mon estime se fortifiant autant que mon amitié, je lui confessai en l'embras-

fant, que je croyois ma sœur trop heureuse d'a-
voir acquis tant de pouvoir sur un cœur tel
que le sien. Mais comme il se disposoit sérieusement à me quitter, je le priai de me soulager d'un embarras où l'envie de l'obliger m'a-
voit jetté, & que la situation où il me laissoit
alloit beaucoup augmenter. Non-seulement,
lui dis-je, j'ai caché à Rose & à mon frere les
dernieres dispositions de des Pesses, mais
n'ayant pas eu un moment de liberté depuis sa
mort, je n'ai pas fait la moindre démarche pour
assurer ou pour éclaircir nos droits. J'ignore
les formalités de la Justice, & je suis arrété
d'ailleurs par des scrupules sur lesquels il est
nécessaire que je consulte du moins mon frere.
Rendez-moi, continuai-je, la parole que je
vous ai donnée de me taire; car autant qu'il
m'est impossible de finir par mes seules lumieres une affaire qui surpasse mes forces, autant
il sera difficile que je la communique à mon
frere sans faire naître quelque soupçon à Rose,
qui s'alarmera de nous voir garder des apparences de mystere. Le Comte m'interrompit pour
m'assurer qu'il s'étoit fort occupé de tout ce
que je lui représentois, & qu'il avoit trouvé
une ouverture si heureuse, qu'il ne vouloit point
remettre plus long-temps à me la communiquer.
Si vous avez négligé, reprit-il, de faire les démarches nécessaires, il faut réparer incessam-
ment cette négligence, & sur la moindre procuration de votre sœur, je me charge de faire
expédier promptement tout ce qui peut vous
causer quelque difficulté. Vous pouvez l'obtenir d'elle sans lui expliquer à quel usage vous
la destinez. Pour ce qui regarde Mylord Tenermill, continua-t-il, rien nous est-il si facile que
de l'engager au silence par la seule considéra-

tion de son intérêt? Il est sans bien. Laissons-
le jouir de l'héritage de des Pesses aussi long-
temps que la fortune lui rendra ce secours nécessaire. Le Comte me regardoit en achevant
cette proposition ; & ma lenteur à répondre lui
persuadant que je l'approuvois, il me pressa de
dresser sur le champ une procuration, & de la
faire signer à ma sœur. Mais quoique j'eusse
trouvé effectivement quelque chose de spécieux
dans son projet, je le priai de me laisser quelques jours pour y réfléchir ; & tout ce que j'ac-
cordai à ses instances, fut une nouvelle promesse de cacher encore à ma sœur ce que le
tendre des Pesses avoit fait pour elle. Cependant les Notaires m'ayant parlé de la levée du
scellé comme d'une nécessité pressante, j'allai
sur le champ chez Rose, & je lui fis signer sur
ma parole une procuration en blanc, que j'a-
bandonnai au Comte pour la faire remplir suivant l'usage, en lui confiant le testament de
des Pesses, & tous les papiers qui pouvoient
autoriser ses soins.

Il me quitta. J'employai une partie de la nuit
à méditer sur sa proposition. Si elle faisoit
honneur à la générosité de son caractere, elle
me paroissoit injuste pour Rose, à qui elle ra-
vissoit le mérite de faire elle - même à son frere un avantage qu'elle n'eût été que trop portée à lui accorder. D'un autre côté je voulois
me délivrer de mes doutes sur la justice d'u-
ne succession à laquelle il ne me paroissoit
point que la volonté même de des Pesses eût
assez fondé nos droits. J'attendis impatiemment le réveil de mon frere, & je le fis avertir
secrettement que je voulois l'entretenir sans
témoins.

S'étant rendu dans ma chambre avec autant

d'empreſſement que j'en avois de lui parler, j'inſ
terrompis ſes félicitations ſur notre bonheur ,
pour le prier d'entrer dans une converſation plus
ſérieuſe. Vous avez appris, lui dis-je , le malheur de des Peſſes, mais vous ignorez que le Ciel
l'a fait tourner à notre avantage. Cet infortuné
jeune homme a laiſſé en mourant tout ſon bien
à votre ſœur. Quoique ſa volonté fût libre , &
que ces ſortes de diſpoſitions ne ſoient condam-
nées par aucune loi , je vous avoue , continuai-
je , qu'en examinant les circonſtances qui ont
précédé ſon teſtament , j'y trouve la matiere
d'un important ſcrupule. Des Peſſes ſe croyoit
aimé de Roſe. Il a témoigné par ſes dernieres
paroles , & par quelques lignes que j'ai reçues
de ſa main, qu'il emportoit cette penſée en expi-
rant. C'eſt ſans doute à la force d'une idée
ſi flatteuſe que nous devons les avantages qu'il
nous a faits: ſommes-nous en droit de les recueillir lorſque nous ſommes certains qu'ils
portent ſur une fauſſe ſuppoſition ? Votre ſœur
n'en eſt pas encore informée. J'ai voulu vous
ouvrir auparavant mon cœur, & vous propoſer
mes doutes. Vous avez de l'honneur. Conſul-
tez-vous. C'eſt de votre déciſion que je veux
faire dépendre ici notre conduite.

Dans toute ma vie j'ai eu peu d'occaſions de
connoître auſſi clairement le fond du caractere
de Georges. Sans paroître ému de l'heureuſe
nouvelle que je lui annonçois , il tourna toute
ſon attention ſur la difficulté qui paroiſſoit m'arrêter. Votre ſcrupule eſt juſte , me dit-il, & je
l'ai ſenti comme vous au premier coup d'œil.
Cependant il reſte à examiner ſi c'eſt par quelque complaiſance affectée de la part de Roſe ,
ou par quelque indulgence peu ſincere de la
vôtre , que des Peſſes s'eſt flatté en mourant

d'être aimé ; car vous n'étiez pas les maîtres
de lui ôter une pensée qui a servi peut-être à
lui faire trouver quelque douceur dans les derniers moments de sa vie ; & la pitié même auroit dû vous en empêcher, si ce changement
eût dépendu de vous. Il me paroît donc, ajouta-t-il, que le seul cas où vous pourriez craindre d'accepter les bienfaits de des Pesses, seroit
celui où vous auriez employé quelques voies
indignes de vous pour vous les procurer.

Cette décision me parut si juste, que j'embrassai Mylord Tenermill avec ardeur, pour
le remercier de la liberté où il mettoit mes sentiments. Vous devez sentir, lui dis-je, les obligations que nous avons à des Pesses, & rendre du moins après sa mort la justice que vous
devez à son mérite. Que direz-vous, ajoutai-je, si c'est vous qui êtes destiné à recueillir le premier fruit de ses libéralités? Et lui ra-
contant toutes les propositions du Comte, je
le jettai dans un embarras beaucoup plus grand
que celui dont il m'avoit fait sortir. Votre discours m'étonne, me dit-il après quelques moments de réflexions, & je confesse qu'au milieu
de quelque bizarrerie j'aperçois dans le procédé
du Comte un fond admirable de délicatesse & de
générosité. Mais en le supposant assez riche pour
mettre Rose en état de se passer du bien que des
Pesses lui a laissé, il ne me suffit pas qu'elle n'en
ait rien à souffrir ; il faut qu'elle y consente for-
mellement, sans quoi rien ne me fera consentir moi-même à jouir du bien d'autrui sans
titre & sans aveu. Je ne pus condamner un
sentiment si noble. Cependant la difficulté que
je prévoyois à concilier tant d'intérêts différents, me fit insister sur la complaisance que
nous devions au Comte, & par conséquent sur

C 5

la nécessité de cacher à Rose la disposition de des Pestes. Quel usage aurions-nous fait de son revenu pendant qu'elle l'auroit ignoré? Mylord Tenermill me répondit que le Comte pouvoit prendre possession de son bien en l'épousant, & que le gouvernant lui-même à son gré, il seroit le maître d'en informer son épouse lorsqu'il le jugeroit à propos.

Il ne me restoit qu'une objection : mais avec tant de délicatesse, comment avez-vous consenti, lui dis-je, à profiter avec nous de l'offre que le Comte nous a faite de sa maison? Il comprit tout-d'un-coup ma pensée : vous vous trompez, me répondit-il, si vous vous êtes figuré que j'en profiterai long-temps. Je passerai ici quelques jours avec la confiance que je dois à l'amitié d'un homme qui doit épouser ma sœur, & qui m'a lié éternellement à lui par le service qu'il m'a rendu ; mais si je suis sans biens, je ne suis pas sans espérances, & j'ai assez de ressources dans ma naissance & dans mon courage pour attendre quelque chose de la fortune. Ainsi avec le jugement le plus droit & les sentiments les plus généreux, Mylord Tenermill conservoit toujours un fond de hauteur mal entendue, qui me parut d'un augure dangereux pour son établissement. Cependant je m'imaginai que les instances du Comte pourroient le retenir avec nous malgré lui, du moins jusqu'au mariage de sa sœur, après lequel il seroit encore plus aisé de le faire entrer dans certaines vues que j'avois toujours eues pour sa fortune, & qui pouvoient être soutenues fort heureusement par celle de Rose. Sans choquer ses idées, je me réduisis à lui recommander le silence sur tout ce que je venois de lui communiquer.

Cette conversation ne laissa pas de contribuer beaucoup au repos de mon esprit, par la
juste guérison des scrupules d'honneur qui m'a-
voient arrêté. Je me hâtai de voir Rose, &
je lui donnai des marques de joie qui confir-
merent la sienne. Nous passâmes près de quinze
jours dans cette agréable situation, maîtres
absolus d'une des plus belles maisons du monde, & servis avec autant de respect que de zele.
Tous les jours il nous venoit un messager du
Comte, qui nous apportoit de ses nouvelles,
& qui retournoit chargé des nôtres. Dès le lendemain de son départ il m'avoit marqué que
l'affaire du scellé étoit terminée heureusement,
& que les effets de des Pesses étoient dans un
lieu sûr, dont j'aurois la disposition en arrivant
à Paris. Je fis voir cette lettre à Mylord Tenermill; & dans le besoin où il étoit de mille
choses nécessaires, je lui proposai d'user librement de quelques sommes qui s'étoient trou-
vées dans le cabinett de des Pesses. Il rejetta encore cette offre, en protestant que la misere
même ne le feroit pas toucher au bien de Rose
sans sa participation.

Jacin, que j'avois envoyé plusieurs fois à
Paris pour s'informer des démarches de Mylord Linch, m'ayant assuré qu'il ne s'étoit pas
fait voir dans son quartier, & que tous ses gens
mêmes ayant disparu depuis l'aventure de Chatoux, on étoit persuadé qu'il étoit repassé en
Irlande, je ne vis plus aucune raison qui pût
m'empêcher de quitter ma sœur pour quelques
jours, & d'aller où ma présence me paroissoit
nécessaire. Avec le motif de rendre quelques
civilités au Comte, j'avois celui de m'ouvrir
à lui sur la situation de mon frere, qui parloit
à tous moments de partir pour l'Allemagne, où

ſon deſſein étoit d'aller ſolliciter de l'emploi
dans les armes. J'avois remarqué qu'il ſuppor-
toit ſa mauvaiſe fortune avec une impatience
extrême, & qu'affligé ſur-tout de ſe trouver
hors d'état de paroître à S. Germain, ſon humeur en étoit devenue ſi chagrine, qu'il cherchoit continuellement la ſolitude. Ma ſeule
ſenſibilité pour ſes peines m'auroit porté à tout
entreprendre pour les ſoulager ; mais je penſois
d'ailleurs à l'arrêter en France, où je ne
croyois pas ſa fortune auſſi déſeſpérée qu'il ſe
le figuroit ; & n'ayant pu réuſſir à lui faire accepter le ſecours que je lui avois offert, je voulois concerter avec le Comte quelque moyen
de les lui faire goûter malgré lui. Je partis en
lui recommandant ma ſœur, & ſûr du moins
qu'étant chargé d'un dépôt ſi cher, il n'exécu-
teroit point ſes réſolutions avant mon retour.

J'allai deſcendre dans mon ancien logement,
où j'appris pour unique nouvelle qu'une jeune dame, dont on ignoroit le nom, étoit venue me demander pluſieurs fois, & qu'elle
avoit continué d'envoyer chaque jour un de ſes
gens pour s'informer ſi j'étois arrivé. Cet empreſſement d'une perſonne inconnue n'ayant
rapport à rien qui pût me cauſer de l'inquiétude, je ne penſai qu'à me rendre chez le Comte de S.... Ma viſite le combla de joie. Il
penſoit lui-même à venir paſſer quelques moments avec nous dans ſa terre, pour nous
communiquer de nouveaux fruits de ſon affection & de ſon zele. Il avoit employé avec tant
de bonheur les mêmes amis qui avoient obtenu la liberté de mon frere, que notre terre
des Saiſons, & tout ce qui nous avoit été enlevé dans la premiere confiſcation, venoit de

nous être reſtitué. Il ajouta qu'il n'étoit pas
ſans eſpérance d'obten r de l'emploi pour Mylord Tenermill dans un Régiment étranger ;
& il me fit voir quelques lettres qui portoient
déjà une eſpece de certitude. Pour l'héritage
de des Peſſes, comme une affaire de cette importance demandoit des meſures plus lentes ,
& qu'il avoit fallu dépêcher à Bordeaux un
homme de confiance dont il attendoit le retour, il ne put me donner des éclairciſſements
qu'il n'avoit point encore ; mais ayant conſul-
té quantité d'habiles gens ſur la validité du
teſtament, il en croyoit le ſuccès certain , &
il me mit d'avance en poſſeſſion des effets de
des Peſſes, qu'il avoit retirés chez lui dans un
cabinet dont il m'abandonna la clef.

Il me parut inutile de lui parler des embarras de Mylord Tenermill, puiſque la reſtitu-
tion de notre Terre & des autres biens que la
Juſtice avoit confiſqués ſuffiſoit pour me
rendre tranquille de ce côté-là. Mais n'étant
pas fâché de connoître le fond de ſes vues à
l'égard de ma ſœur, je cédai à l'impatience
qu'il marquoit de paſſer à cet article. Il fut le
premier à me parler de ſon mariage, & à me
demander quelles bornes je voulois impoſer
à la mortelle violence qu'il s'étoit faite depuis
quinze jours. Je me ſuis jugé moi même ,
ajouta-t-il, avec une rigueur dont je ne puis me
repentir, ſi elle a ſervi à me confirmer votre
amitié & votre eſtime ; mais qu'elle m'a coûté d'efforts, & qu'il me tarde de voir finir
l'exil auquel je me ſuis condamné ! Je lui répondis naturellement qu'étant mal inſtruit des
uſages de France, je ne me croyois point capable de décider ſes difficultés ; mais que j'é-
tois d'avis qu'il devoit prendre là-deſſus les

conseils de ses amis, auxquels rien ne l'empê-
choit plus de communiquer son dessein. Votre jeunesse, lui dis-je en souriant, & l'âge
avancé de l'épouse que vous avez perdue, vous
mettent peut-être en droit de raccourcir un peu
les bienséances. Nous passâmes ainsi une partie
du jour à nous entretenir de ce que je désirois
avec autant d'ardeur que lui. Il ne put me déguiser dans le cours de notre entretien, qu'il
lui étoit survenu quelques affaires chagrinan-
tes, mais je n'eus pas l'indiscrétion de vouloir
les approfondir. Se flattant, me dit-il, qu'elles
seroient bientôt terminées, il alloit prendre
toutes les mesures que son deuil commençoit
à lui permettre pour l'avancement de ses espérances. Nous nous quittâmes avec toute la satisfaction de deux cœurs droits & sinceres, qui
faisoient un égal fond l'un sur l'autre, & qui
avoient le même empressement de se voir bientôt unis par des liens encore plus étroits.

   Mon dessein étoit de rejoindre promptement
Mylord Tenermill & ma sœur, auxquels je
n'avois à porter que d'heureux fruits de mon
voyage. Je me rendis chez moi dans la résolution de partir aussi-tôt. En arrivant à ma
porte, je la trouvai embarrassée par un équipage fort leste, dont la livrée étoit en deuil,
& Jacin qui étoit à m'attendre, m'apprit que
la jeune dame qui m'avoit fait demander si
impatiemment depuis plusieurs jours, étoit venue sur la nouvelle qu'elle avoit eu de mon
arrivée à Paris, & qu'elle avoit pris le parti
de se faire ouvrir ma chambre, où elle avoit
mieux aimé s'ennuyer pendant trois ou quatre
heures, que de manquer l'occasion de me voir.
Je me hâtai de me présenter à elle, sans pouvoir m'imaginer ce que je devois attendre de

cette visite. Sa figure me surprit. Rose & l'épouse de Patrice, qui étoient jusqu'alors ce que j'avois vu de plus charmant dans leur sexe, ne l'emportoient pas sur tout ce que j'apperçus d'un seul coup d'œil. Mon admiration fut même assez forte pour me faire lever plusieurs fois les yeux sur tant de charmes, & je les baissai avec le même étonnement. L'inconnue étoit dans les habits du deuil le plus profond, & me recevant avec autant de modestie que de grace, elle me remit une lettre dont elle me dit qu'elle étoit chargée pour moi. Je remarquai qu'elle n'avoit pu prononcer ces quatre mots sans répandre quelques larmes. Je la pressai de s'asseoir, & ne lui demandant point d'autre explication dans l'embarras où j'étois, je m'assis vis-à-vis d'elle, en la priant de m'accorder la liberté d'ouvrir ma lettre.

Je reconnus aussi-tôt la main de Patrice. Ma curiosité n'ayant fait qu'augmenter avec mon trouble, je parcourus avidement ce que j'avois devant les yeux. Les derniers avis de des Pesses étoient revenus tout-d'un-coup à ma mémoire; & quoiqu'au moment que je les avois reçus ils n'eussent fait sur moi qu'une impression passagere, qui avoit encore été diminuée par les agitations que j'avois essuyées continuellement, je me les rappellai avec d'autant plus de crainte que des circonstances si lugubres sembloient en être la suite. J'avois écrit néanmoins à Patrice depuis mon arrivée à Paris, mais ma lettre ne contenoit que le récit de mon premier démêlé avec Linch & de la situation où j'avois trouvé ma sœur. Je n'avois reçu de lui aucune réponse. Enfin quelque fond que j'eusse toujours fait sur son caractere, je commençai à craindre ce que

des Pefles m'avoit annoncé d'une maniere obf-
cure, & ce que ma prévention en faveur d'un
frere fi raifonnable & fi vertueux ne m'avoit
jamais permis d'appréhender.

Cependant ce que je trouvai de plus fur-
prenant pour moi dans fa lettre, fut le nom
de la jeune perfonne qu'il m'adreffoit. Je re-
levai brufquement les yeux fur elle, avec les
marques d'une vive inquiétude, & je fus encore plus frappé de la fituation où je l'apperçus.
Elle tenoit fon mouchoir ferré contre fon vifage, autant pour arrêter fes foupirs que pour
cacher fes pleurs. Je lus deux fois fon nom,
doutant fi je ne m'étois pas trompé à la premiere. C'étoit mademoifelle de L..., l'ancienne
maîtreffe de Patrice. Il me conjuroit en peu
de mots, mais avec toute la force que le fentiment peut donner aux expreffions, de prendre
pour elle une partie de l'affection que j'avois
pour lui ; & puifqu'un fort fi cruel, difoit-il,
m'avoit fait fervir d'inftrument à fa ruine, il
recommandoit du moins à mon amitié & à mes
foins une perfonne qui avoit dû faire autrefois
fon bonheur. Les fervices qu'il me demandoit
pour elle étoient de l'aider de mes confeils, & fur-
tout de la mettre en liaifon avec Rofe, dont elle
étoit déjà connue, & de qui il étoit certain, ajouta-t-il, qu'elle feroit bientôt tendrement aimée.

Cette propofition m'ayant paru fort innocente, & digne même de la bonté naturelle de
Patrice, je revins auffi-tôt de mes alarmes.
Loin de me trouver gêné de la vifite de mademoifelle de L... je m'applaudis de l'occafion
qu'elle me préfentoit de la connoître. Et pour
expliquer tout-à-fait ce que j'ai touché légérement, ce n'étoit pas la premiere fois que j'euffe
penfé à elle depuis que Mylord Tenermill avoit

obtenu la liberté. Mes propres réflexions m'a-
voient fait souvent regretter qu'elle fût hors
de France, & regardant l'inclination qu'elle avoit eu pour Patrice comme une disposition à se prévenir facilement en faveur de son
frere, je m'étois flatté que s'il eût pu la voir
& lui rendre des soins, il eût réussi sans peine à faire prendre vers lui le même cours à
ses sentiments. Son absence même ne m'avoit
pas empêché de nourrir cette pensée. Il auroit
toujours été facile à Mylord Tenermill de
faire le voyage d'Allemagne aussi-tôt qu'il
auroit connu le lieu de sa demeure ; il auroit
pu se procurer l'occasion de la voir, & se ménager insensiblement son affection, pour le
temps du moins où elle auroit eu la liberté de
disposer d'elle-même. Enfin telles étoient les
vues d'établissement que j'avois pour lui,
quoique diverses raisons ne m'eussent point
encore permis de lui en faire l'ouverture.

Avec ces idées, qui se joignirent au motif
d'obliger Patrice, & à la pitié même dont
je ne pus me défendre pour l'aimable fille
que j'avois devant mes yeux, je ne pensai
point à m'endurcir contre ses larmes. Ma curiosité fut seulement d'en apprendre la cause,
& celle du lugubre habillement où je la voyois.
Ne doutez pas, lui dis-je avec tout ce que
je pus mettre de douceur dans mes regards &
dans mes termes, qu'une lettre aussi pressante
que celle de mon frere ne vous assure toutes
sortes de droits sur mes plus ardents services.
J'entre déjà du fond du cœur dans les chagrins
qui paroissent vous affliger, & si je ne craignois
de les aigrir par une indiscrétion, je vous de-
manderois de qui cet habit doit m'apprendre
que vous pleurez la perte.

Hélas ! me répondit-elle en effuyant fes larmes qui recommençoient à couler auffi-tôt malgré elle, ce que je pleure ne me fera jamais rendu. Puis s'arrêtant un moment, comme fi elle eût changé d'idées ; mon deuil, reprit-elle, car c'eft la feule de mes pertes que vous puiffiez ignorer, eft pour la mort de mon pere que j'ai perdu il y a deux mois. C'eft un malheur auquel la tendreffe de la nature a dû me rendre fenfible, & ce n'eft point dans les richeffes qu'il m'a laiffées que j'efpérois trouver de la confolation. Mais il ne m'en refte plus à prétendre, puifque celle que je défirois uniquement, & que je comprois de trouver ici, m'eft ravie fans reffource. Elle fe remit là-deffus à pleurer amérement. Je compris ce qu'elle n'ofoit me dire avec plus de clarté, & voulant éloigner des explications qui n'auroient pu manquer de me caufer de l'embarras, je me bornai à lui demander comment elle avoit pu recevoir des nouvelles de mon frere. Mais elle s'enhardit par cette queftion même à s'expliquer plus clairement. Ce n'eft point avec vous, me dit elle, que je veux déguifer l'horreur de mon fort. J'aime votre frere. Je croyois en être adorée. Eh ! je l'étois auffi, reprit-elle en s'interrompant ; il n'y avoit point d'artifice à craindre d'un caractere tel que le fien. Il m'avoit renouvellé fa foi peu de jours avant mon départ de France. Je lui avois donné la mienne. Cette penfée a foutenu ma conftance & ma joie même pendant près d'un an que j'ai paffé en Allemagne. Mon pere étoit dans un âge qui ne lui promettoit plus une longue vie. J'ai réfifté jufqu'à fa mort à toutes les follicitations qu'il m'a faites de recevoir un mari de fa main : & contente de moi-même avec la résolution où j'étois de ne rien entreprendre pendant sa vie contre ses volontés, j'attendois sans impatience que l'ordre de la nature m'assurât la liberté de remplir mes engagements.

Enfin mon pere meurt, continua-t-elle, & je lui rends avec respect les derniers devoirs. Libre désormais, je m'accorde une satisfaction sur laquelle mes idées de bienséance & de modestie m'avoient peut-être rendue trop réservée; j'écris en France à votre frere : je n'en reçois point de réponse. Dans le temps que ma prévention me fait tout expliquer à son avantage, & que je me dispose à quitter l'Allemagne, pour suppléer moi-même à ma lettre, que je me figurois arrêtée par quelque obstacle, un de ses amis arrive, me comble de joie en m'apprenant qu'il me cherche de sa part ; & non moins transporté de me trouver telle qu'il avoit dû s'y attendre, part aussi-tôt pour l'Irlande, où il me dit que ses affaires l'avoient appellé, & qu'il brûloit de lui porter une nouvelle qui lui feroit repasser sur le champ la mer. Je le charge d'une lettre qui contenoit tout le feu de mon cœur, & me mettant en chemin pour la France, j'écris encore en Irlande sur la route, pour faire savoir à votre frere où je comptois de me loger à Paris. J'arrive dans cette ville : avec quelle ardeur n'attendois-je pas le jour que je croyois fixé par l'ordre du Ciel & par nos serments ! Hélas ! il en est venu un qui auroit dû être le dernier de ma vie. Je reçois une lettre, avec celle que je viens de vous rendre, dans laquelle je trouve l'arrêt de ma mort écrit & signé de la main de votre frere. Le perfide !..... Elle parut prête un moment à se livrer à toutes les fureurs d'une amante outragée ; & revenant néanmoins à elle-même ; mais non, reprit-elle, en redoublant ses pleurs, je ne l'accuse point de perfidie. Je plains son sort autant que le mien, car il atteste le Ciel qu'il est le plus misérable de tous-les hommes. Il me fait une peinture de ses peines, qui excite encore ma compassion. Sa lettre m'a percé le cœur. Il me prie de m'adresser à vous, pour apprendre de vous même par quel fatal enchaînement il est tombé, dit-il, dans un abyme inévitable, & il m'assure que vous me rendrez témoignage de ses sentiments. Dites-moi donc à qui je dois attribuer notre malheur. Faites-moi comprendre comment on peut se trouver marié sans le vouloir, sans l'avoir prévu, sans perdre sa fidélité pour d'autres engagements, enfin comment on peut être perfide & tenir le langage de la sincérité & de la constance ? Mais dites-moi plutôt, ajouta-t-elle en paroissant s'indigner contr'elle-même, dites-moi comment ma folle crédulité m'aveugle encore sur le crime d'un parjure ? Quel fatal penchant me porte à le croire plus malheureux que coupable, & à gémir peut-être plus amérement que lui de son infortune ?

Elle se tut pour attendre ma réponse. Les lumieres qu'elle me demandoit ne pouvant servir à soulager ses peines, & m'exposant à des mal-entendus que je voulois éviter, toute mon étude fut de calmer son agitation par des politesses vagues qu'elle pût prendre dans un sens favorable. Je l'assurai que Patrice étoit sincere, & que, dans la situation où il s'étoit trouvé, l'honneur lui avoit fait une loi indispensable de la conduite qu'il avoit tenue ; mais que loin d'avoir perdu les sentiments qu'il lui devoit, il me les avoit exprimés avec assez de force pour

me les communiquer ; qu'indépendamment de
fa lettre, où il me preffoit inftamment de les
prendre, elle m'auroit trouvé prêt à lui en donner toutes fortes de témoignages ; qu'elle trouveroit infailliblement les mêmes difpofitions
dans ma fœur ; & fi fon deffein étoit de la
voir, je lui offrois cette fatisfaction dès le même jour, en me chargeant de la conduire dans
une campagne fort agréable où nous nous
étions retirés. Elle accepta mes offres avec ardeur ; & comme fi elle fe fût flattée de tirer de
Rofe plus de confolation ou de lumieres qu'elle n'en attendoit de moi, elle n'ajouta pas un
feul mot qui eût rapport au fujet de fes peines.
M'ayant demandé à quelle heure je me propofois de partir, elle me promit de me venir prendre dans une voiture commode. Je lui expliquai
en général les raifons qui me faifoient fouhaiter qu'elle n'eût point une fuite éclatante. Elle
confentit à n'être accompagnée que de fa gouvernante, qui étoit demeurée dans mon anti-
chambre pendant notre entretien, & d'un feul
laquais.

   C'étoit une compagne aimable que je menois
à ma fœur, & je trouvois ainfi naturellement
l'occafion que j'avois défirée de lui faire former quelque liaifon avec Mylord Tenermill.
Ces deux penfées me caufant une égale fatisfaction, je la vis revenir avec joie, & je lui re-
nouvellai pendant la route les affurances de
mon zele & de mon eftime. Elle parla peu ; fa
trifteffe paroiffoit l'occuper toute entiere. En
arrivant, mon frere & ma fœur, qui la reconnu-
rent auffi-tôt, s'emprefferent de lui faire toutes fortes de careffes ; mais il lui tardoit d'être
feule avec Rofe. Elle fe déroba avec elle, & nous
leur laiffâmes la liberté qu'elles demandoient.

Je n'attendis point que Mylord Tenermill me marquât de la curiosité par ses questions. Je ne sais, lui dis-je en le prévenant, si nous serons une fois d'accord dans nos idées ; mais je ne balance point à vous découvrir les miennes. Si je n'ai part à la visite de mademoiselle de L... que par le consentement que j'ai donné à ses désirs & à celui de Patrice, qui me presse par ses lettres de la mettre en liaison avec Rose, je n'ai pas moins pensé que cette occasion pouvoit tourner à votre avantage, & qu'avec un peu de complaisance & de soins vous succéderez aisément aux anciennes espérances de votre frere. Il m'arrêta. Je l'aurois pensé comme vous, me dit-il, si vous ne m'aviez appris les tourments de Patrice ; mais tous les charmes & toutes les richesses du monde ne me feront point trahir un frere que j'aime. Je lui avois raconté effectivement les circonstances du mariage de son frere. Il m'avoit écouté sans me condamner ni m'applaudir. Mais je ne savois pas que Patrice, qui le croyoit toujours à la Bastille, lui avoit écrit directement, pour lui communiquer ce qu'il nommoit sa funeste aventure, & que lui ouvrant son cœur il lui avoit parlé de mademoiselle de L....... comme de la seule personne qu'il pouvoit aimer. Il me fit néanmoins cette ouverture, pour justifier, me dit-il, un refus que j'aurois pu trouver bizarre ; mais loin de nuire aux amours de son frere, il étoit résolu, ajouta-t-il, de le servir de tout son pouvoir.

Surpris d'une réponse qui me parut bien plus bizarre que son refus, je le pressai de m'accorder plus d'explication. Volontiers, reprit-il. Je connois Patrice trop honnête homme pour en user mal avec sa femme. L'estime & la reconnoiſſance ſont des ſentiments qu'il lui doit, & qu'il aura toujours pour elle. Mais ſi ſa paſſion pour mademoiſelle de L...... eſt telle qu'il me la repréſente, qui l'empêché de repaſſer en France pour ſuivre les intérêts de ſon amour, & pour ſe rendre heureux, s'il le peut, avec une maîtreſſe qui mérite en effet d'être aimée ? C'eſt le conſeil, ajouta-t-il, que je lui ai donné dans ma réponſe, & je l'ai même exhorté à nous amener ſa femme, qui trouvera aiſément de quoi ſe conſoler dans les amuſements de Paris.

J'avoue que ce criminel badinage échauffa mon zele. Je m'étois fait violence depuis quelques mois pour fermer les yeux ſur tout ce qui n'étoit pas ouvertement contraire à mes principes, & convaincu par l'expérience du paſſé que la foibleſſe naturelle demande de l'indulgence & des ménagements, j'avois peut-être fait céder quelquefois la juſtice aux tendres égards de la charité. Mais ne voyant point ici d'apparence à la moindre conciliation, je demandai vivement au profane Tenermill ſi c'étoit du fond du cœur qu'il me tenoit ce langage. Loin de prendre occaſion de mon mécontentement pour ſe rétracter, il continua de badiner ſur le même ton, en me reprochant mes ſcrupules, qui me faiſoient perdre, ajouta-t-il, le mérite de cent bonnes qualités aux yeux des honnêtes gens, & qui déshonoroient en un mot ma politeſſe & mon eſprit. Changerez-vous les uſages du monde, reprit-il ? Empêcherez-vous que ceux qui ſont obligés d'y vivre ne le ſoient auſſi de ſe conformer à ſes maximes ? Les vôtres ſont admirables, mais réſervez-les pour vous-même. Pourquoi forcer Patrice, me dit-il encore, d'épouſer une femme odieuſe, ſi vous n'aviez aucun dédom-

magement à lui permettre ? Votre piété vous
apprend-elle qu'un homme de son âge dispose
si aisément de son cœur ? Ce discours, qui
étoit accompagné d'un air riant & moqueur,
me fit naître enfin autant de pitié qu'il m'a-
voit d'abord causé d'indignation. Non, Mylord, non, lui dis-je du ton ferme & sérieux
qui convient à la vérité ; la religion n'apprend
pas qu'il soit facile de vaincre les passions qu'elle condamne, mais elle offre à tous moments des
secours qui peuvent assurer la victoire. Malheur à ceux qui les méprisent. Je ne puis croire, ajoutai-je, que votre cœur soit d'accord
avec votre bouche ; & quand vous parlez du
conseil que vous avez donné à votre frere,
vous ne cherchez sans doute qu'à vous exercer l'esprit par un badinage. Il m'interrompit,
pour me protester avec quelques unes de ces im-
précations galantes qui sont en usage dans le
beau monde, que rien n'étoit si sincere que ses
sentiments ; que je faisois tort à la religion en
lui attribuant des rigueurs qu'elle n'avoit point ;
que le point d'importance pour de foibles hommes étoit de rendre à Dieu ce qu'ils lui doivent,
& qu'en s'acquittant d'un devoir si juste, on
acquéroit le droit de se tourner avec un peu de
liberté vers les plaisirs qui conviennent à notre nature ; qu'il ne voyoit point après tout de
quoi je voulois lui faire un crime ; & que n'a-
yant point conseillé à Patrice de venir chercher la satisfaction de son cœur auprès de sa
maîtresse, sans l'avoir exhorté à conserver toujours de justes égards pour son épouse, il ne
lui avoit proposé que l'usage commun des honnêtes gens, qui ne cherchent point à offenser
le Ciel lorsqu'ils se procurent un plaisir qui
n'est nuisible à personne ; que si je voulois recevoir

cevoir un bon conseil, je me déferois enfin de
cette rudesse qui me faisoit condamner tout ce
qui ne s'accordoit pas avec mes idées ; qu'il
falloit, ou rompre tout-à-fait avec le monde, ou
suivre ses usages ; enfin ce torrent d'éloquence
profane ne se seroit pas arrêté facilement, si,
dans le chagrin d'entendre tant de misérables
raisonnements, je ne l'eusse interrompu à mon
tour pour le prier de changer d'entretien. Il me
restoit peu d'espérance de lui inspirer d'autres
principes, ou du moins ce ne pouvoit être l'effet
d'un moment d'entretien. J'avois même remarqué, depuis notre séjour à la campagne,
qu'il étoit moins soumis que jamais aux véri-
tés communes de la religion ; & surpris de lui
trouver ce nouveau degré de dépravation, j'a-
vois su adroitement de lui-même qu'il avoit
achevé de se corrompre l'esprit à la Bastille par
le commerce qu'il y avoit lié avec un prisonnier
Français nommé l'Abbé de la B.... dont il
vantoit à chaque moment l'esprit & le savoir.
Evitant donc de m'engager dans des discussions
dont je n'attendois aucun fruit, je lui parlai du
nouveau service que le Comte de S.... nous
avoit rendu pour la restitution de nos biens con-
fisqués, & je lui proposai de se rendre à Paris,
autant pour remercier un ami si généreux, que
pour jouir promptement du bienfait. Cette nouvelle lui causa tant de joie qu'elle lui fit perdre
le souvenir de tout ce qui venoit de nous occuper. Il me quitta, après quelques explications,
pour se disposer à partir dès le jour suivant.

Si j'avois eu la force de me modérer dans
notre entretien, je n'en eus pas assez pour me
défendre du plus amer chagrin, en faisant réflexion sur le caractere de ce frere intraitable,
& sur les effets que j'en pouvois craindre en-

III. Partie.   D

core pour la ruine de mon repos. Il rejettoit
une proposition que tout autre auroit reçue
avec empreſſement ; c'étoit négliger ſes propres
intérêts, & cette imprudence n'entraînoit rien
de fâcheux que pour lui-même : mais quel affreux conſeil avoit-il donné à Patrice ? Et me
rappellant tout à la fois les derniers avis de des
Peſſes & le récit de mademoiſelle de L..., que
ne pouvois-je pas craindre d'un autre caractere
dont je connoiſſois, il eſt vrai, la bonté & la
droiture, mais dans qui ces deux qualités mêmes m'étoient preſqu'auſſi ſuſpectes que des
vices ? Il me tardoit de voir Roſe mariée. Sur
le champ j'aurois pris le parti de repaſſer en
Irlande pour confirmer la vertu chancelante
de Patrice. J'aurois cru tous mes devoirs rem-
plis après avoir ainſi rendu mes ſoins à ceux
qui ne refuſoient pas de les recevoir. Je m'applaudis même de cette idée ; & ne me ſouve-
nant pas que les projets humains ſont ſujets aux
mêmes révolutions que tout ce qui nous envi-
ronne, je trouvai que mes nouvelles vues devoient ſuffire pour me rendre tranquille. Cependant j'avois reçu divers avis qui m'avoient
déjà fait naître quelque preſſentiment du malheur dont j'étois menacé. On avoit vu pluſieurs fois autour du château un inconnu à cheval, qui paroiſſoit examiner curieuſement les
environs. Un autre s'étoit informé par qui il
étoit habité. Ces circonſtances dont on m'avoit
averti, & que j'avois communiquées à Mylord Tenermill, n'étoient pas capables de nous
inſpirer beaucoup de craintes. Nous avions
des domeſtiques fideles, des armes, & le ſecours toujours préſent d'un hameau voiſin,
qui étoit rempli de gens réſolus & dévoués au
Comte. La ſeule ſituation du château nous

mettoit à couvert des infultes nocturnes &
imprévues. Mais s'il y avoit peu de danger
pour ma fœur, j'étois à la veille d'éprouver
que notre fécurité pouvoit être pernicieufe
pour moi-même.

Mademoifelle de L..... ayant reparu avec
Rofe à l'heure du fouper, je remarquai aifé-
ment que leur entrevue avoit été trifte & accompagnée de bien des larmes. J'affectai néanmoins de ne pas témoigner que je m'en fuffe
apperçu ; & ne voulant point entrer dans des
confidences inutiles, je priai Mylord Tenermill de ne laiffer rien échapper en ma préfence
qui pût m'y engager malgré moi. Il partit le
lendemain. Les deux dames ne fe quitterent
pas un moment pendant fon abfence, & le foin
qu'elles avoient de chercher continuellement
la folitude, me fit juger de quels intérêts elles
trouvoient tant de douceur à s'entretenir. Trois
jours s'étoient paffés depuis le départ de mon
frere, lorfque je le vis arriver en pofte à l'entrée
de la nuit. L'air de trifteffe avec lequel il m'a-
borda me fit attendre quelque fâcheufe nouvelle. Je ne me trompois pas. Moins occupé
de fes affaires, qu'il avoit heureufement terminées, que de celles du Comte, dont fa reconnoiffance lui faifoit partager les peines, il me
prit auffi-tôt à l'écart, & me paroiffant fort
touché de ce qu'il avoit à m'apprendre, il me
raconta que les parents de feu madame la Com-
teffe de S.... s'étoient préfentés pour recueillir
fon héritage, fous prétexte que dans les lon-
gues infirmités qui l'avoient conduite au tombeau, elle n'avoit point eu la raifon affez libre
pour difpofer légitimement de fon bien ; & que
voulant faire regarder fon mariage même comme une action peu fenfée, ils prétendoient faire

caſſer, & le contrat par lequel elle avoit donné
toutes ſes richeſſes au Comte, & le teſtament où
cette diſpoſition étoit confirmée. Les procédures étoient commencées lorſque j'avois fait le
voyage de Paris, & c'étoit cet embarras qui
troubloit déjà le Comte. Mais ſes Parties venoient d'obtenir un Arrêt qui mettoit tous ſes
biens en ſequeſtre juſqu'à la concluſion du procès, & qui ne lui laiſſoit que la jouiſſance de
la terre où nous étions. Il ne m'avoit pas communiqué ſon chagrin, parce qu'il n'en pré-
voyoit pas encore les ſuites, & qu'il eſpéroit
s'en délivrer avant que nous en fuſſions infor-
més; mais commençant à tout craindre pour
ſa fortune, il s'étoit ouvert le matin du même
jour à mon frere. La perte de ſon bien l'alar-
moit beaucoup moins que l'intérêt de ſon
amour; il trembloit que ſa diſgrace ne refroidît
nos ſentiments, & qu'il ne perdît avec ſes richeſſes tous les droits que nous lui avions don-
nés ſur le cœur de Roſe. Tenermill, à qui la
généroſité étoit une vertu naturelle, n'avoit
pas manqué de le conſoler par les aſſurances
d'une eſtime & d'un attachement qui ſeroient
toujours à l'épreuve de l'adverſité; mais en lui
perſuadant qu'il pouvoit faire fond ſur ſa conſ-
tance, il ne l'avoit pas raſſuré ſi facilement ſur
celle de ma ſœur & ſur la mienne. Il venoit, à
ſa priere, pour ſonder nos diſpoſitions. En effet,
il m'exhorta ſérieuſement, après avoir achevé
ſon récit, à conſidérer que le mérite & la naiſſance devoient être préférés aux richeſſes, &
qu'avec l'héritage de des Peſſes Roſe n'avoit à
conſulter que ſon inclination. Loin de condamner ce ſentiment, je fus ravi de le voir porté de lui-même à ce que je me ſerois efforcé de
lui faire approuver s'il y eût marqué de la répu-

gnance. En plaignant même l'infortune du
Comte, je sentis une joie secrette de voir nos
situations changées, & de nous trouver en quelque sorte dans le pouvoir de faire pour lui ce
qu'il avoit fait si généreusement pour notre famille. Il n'étoit pas incertain si Rose entreroit
dans les mêmes sentiments ; mais ne pouvant
me résoudre à lui annoncer une nouvelle capable de l'affliger, sans y joindre aussi-tôt un juste motif de consolation, je me déterminai à lui
parler du testament de des Pesses, que je lui
avois caché par complaisance pour le Comte.
Tenermill approuva ma pensée, & jugea
comme moi que ces circonstances me déga-
geoient de ma promesse.

Rose n'entendit point la première partie de
mon récit sans une vive douleur. Les larmes
que je vis tomber aussi-tôt de ses yeux me firent comprendre mieux que jamais combien le
Comte lui étoit cher. Et se croyant peut-être
menacée à la fin de mon discours de quelque déclaration contraire à ses désirs, j'observai
avec quelle inquiétude elle attendoit ma conclusion. Vous devez de la tendresse au Comte,
lui dis-je ; & puisque les sentiments qu'il a pour
vous ont toujours été indépendants de votre
fortune, je ne doute point qu'avec la même générosité vous ne fermiez les yeux sur le malheur
qui le menace, pour ne considérer que sa personne & son mérite. Elle n'attendit point que
j'eusse fini. Son cœur flatté par un endroit si
sensible, se livra au transport de sa joie. Elle
m'embrassa, en donnant à la tendresse les larmes qu'elle venoit de donner à la douleur. Je
ne différai pas plus long-temps à m'expliquer.
Si vous êtes dans cette disposition, repris-je,
vous n'apprendrez point sans plaisir que vous

pouvez réparer les pertes du Comte. Votre
fortune a dépendu de lui ; mais la sienne eft
aujourd'hui dans vos mains. Des Pefses a mis
le comble à fes bienfaits en vous laiffant l'héritage de tout fon bien. Je n'ai différé à vous
l'apprendre que pour fatisfaire la délicateffe de
votre amant, qui craignoit qu'un bien qui ne
vous feroit pas venu de lui ne lui dérobât quelque chofe de vos fentiments. Ne doutez pas
de ce que je vous affure, ajoutai-je en
voyant qu'elle n'ofoit tout d'un coup me croire, je ne fuis point capable de vous trómper.

Je me repentis de lui avoir fait cette ouverture avec fi peu de précaution. Me connoiffant
trop bien en effet pour fe défier de ma fincérité, elle fe remplit tellement de l'idée de fon
bonheur, que je la voyois trembler, par un effet de l'agitation qui s'étoit répandue dans tous
fes fens. Elle fut obligée de s'affeoir pour recueillir fes forces ; & jettant les yeux fur moi
lorfqu'elle ne put douter que je ne me fuffe apperçu de cette révolution : je ferois bien humi-
liée, me dit-elle languiffamment, fi vous attri-
buyez mon émotion à quelqu'ardeur pour les
richeffes. Comme rien ne feroit fi éloigné de mes
vrais fentiments, je vous accuferois férieufement d'injuftice. Mais je vous confeffe, ajouta-
t-elle avec un regard où la tendreffe de fon cœur
étoit peinte, que j'aurai peine à modérer ma
joie, s'il eft vrai que je puiffe ajouter quelque
chofe à la fortune du Comte. Je l'affurai encore
qu'elle étoit affez riche pour ne pas regretter
tout ce que fon amant pouvoit perdre ; & trouvant prefqu'autant de plaifir qu'elle à penfer
que nous pouvions être généreux & libéraux
à notre tour, je lui offris de ne pas remettre
plus loin que le jour fuivant à porter moi-mê-

me au Comte la relation de ces sentiments.

Cet incident n'ayant pu être déguisé à mademoiselle de L... nous reconnûmes aussi que nos intérêts lui étoient chers, par le zele avec lequel elle nous preſſa de diſpoſer de ſon bien & de tout ce qu'elle pouvoit nous offrir pour avancer les affaires du Comte & les nôtres. Je ſuis parente, me dit-elle, des principaux chefs du Parlement. Je veux faire demain le voyage de Paris avec vous, & les aller ſolliciter avec la derniere ardeur. Ce ſecours me parut aſſez utile pour être accepté. Nous réglâmes l'heure de notre départ; ce qui n'empêcha point que, ſans nous en avertir, elle ne fit partir le ſoir même un de ſes gens avec une lettre pour l'Adminiſtrateur de ſon bien, par laquelle elle le chargeoit d'aller ſur le champ offrir au Comte, de la part d'un ami qui vouloit cacher ſon nom, cinquante mille livres d'argent comptant que ſon pere avoit laiſſées dans ſes coffres. Ainſi le malheur de notre cher Comte ne ſervit qu'à redoubler les ſentiments d'eſtime & d'amitié qui nous lioient inſéparablement à lui.

Mylord Tenermill demeurant pour la garde de Roſe, je partis le lendemain avec moins d'inquiétude que de joie, & brûlant d'arriver à Paris pour conſoler le Comte. Notre ſuite n'étoit pas nombreuſe. Mademoiſelle de L..... ayant fait partir la veille le ſeul laquais qu'elle eût amené, nous n'avions que le mien derriere le carroſſe. Sur quel fondement ſerions-nous perſuadés que nous avions beſoin d'une meilleure garde? La prudence humaine ne demandoit pas plus de précautions. Mais on expliqueroit mal toutes les agitations de ma vie, ſi l'on ne levoit pas les yeux plus haut pour en trouver la ſource, & ſi l'on ne cherchoit dans

D 4

le conseil de la Providence les ressorts de mille événements qui sont encore impénétrables pour moi-même. Nous n'étions pas à un quart de lieue du château, lorsque nous fûmes arrêtés par trois cavaliers, qui, sans perdre de temps à nous parler, donnerent ordre au cocher de tourner vers un bois épais qui étoit à peu de distance du grand chemin. Je les pris d'abord pour des voleurs, & dans la vue d'épargner d'autres craintes à mademoiselle de L..... je les priai par la portiere d'accepter ma bourse, qui étoit assez bien remplie pour satisfaire leur avidité. Je la leur montrai même, en leur confessant qu'ils y trouveroient cent louis, & que ne pensant point à la leur disputer, j'étois prêt à la rendre sans résistance. Ils la refuserent avec des apparences de civilité qui augmenterent ma surprise. Ayant gagné le bois au même moment, ils nous firent pénétrer dans un endroit où le feuillage avoit assez d'épaisseur pour nous couvrir. Nous y trouvâmes un autre cavalier qui gardoit une chaise à quatre chevaux, avec le cocher & le postillon. Il n'étoit pas plus de neuf heures. Celui que les autres paroissoient reconnoître pour leur chef, nous pria honnêtement de ne pas nous alarmer, & nous avertissant que nous passerions le reste du jour dans le lieu ou nous étions, il nous assura que nous serions traités avec respect, & que nous ne manquerions d'aucuns rafraîchissements. Je lui demandai avec douceur l'explication de son dessein. Ne me pressez pas là-dessus, me répondit - il en souriant. Nous avons quelques jours à passer ensemble ; mais vous me trouverez toujours muet à cette question, & vous nous la renouvelleriez inutilement. Il s'assit sur l'herbe. Les autres suivirent son exemple,

& tirant de la chaise quelques provisions, ils se mirent à manger & à boire sans aucune marque d'inquiétude.

Je ne pus douter, en réfléchissant sur une si étrange aventure, que ma compagne n'en fût le seul objet. Elle pleuroit amèrement. Je m'efforçai de la consoler, en lui représentant que nous devions être rassurés par la civilité de nos gardes, & que ne m'ayant point séparé d'elle, il y avoit peu d'apparence que nous fussions menacés d'un mauvais sort. Elle me demanda si je ne savois rien qui pût servir à expliquer notre malheur. C'est à vous-même, lui dis-je, que je pensois à faire cette demande, car il est visible que ce n'est pas moi qu'on a dessein d'enlever. Mais n'auriez-vous pas quelque amant dont vous avez pu craindre la témérité? Elle me confessa que pendant le séjour qu'elle avoit fait en Allemagne, son pere ayant eu dessein de la marier à un homme de quelque distinction dans le pays, elle avoit été exposée jusqu'à son départ aux persécutions de cet amant; mais qu'étant revenue en France sans s'être ouverte à personne, il devoit avoir perdu ses espérances, & ignorer même qu'elle fût à Paris. C'en étoit assez pour m'inspirer de justes soupçons. Ne cherchons pas plus loin, lui dis je, & lui apprenant en deux mots ce qui étoit arrivé à ma sœur, je la fis convenir aisément que toutes les personnes de son sexe doivent toujours se défier du nôtre. Nous passâmes tout le jour dans cet entretien, sans être tentés d'accepter les rafraîchissements qui nous furent offerts, & renouvellant plusieurs fois inutilement la demande que j'avois faite au chef de nos gardes.

Enfin la nuit étant arrivée, on nous pria de

D 5

monter dans la chaife. Il auroit été inutile de
réfifter. Je me réduifis à m'informer fi mon
laquais avoit la liberté de nous fuivre. On
me répondit que je demandois une chofe impoffible. Je parlai de l'entretenir un moment
en particulier; on ne m'accorda pas plus aifé-
ment cette faveur. Il fallut fuivre la loi qu'on
nous impofoit, & partir dans l'obfcurité, fans
pouvoir nous imaginer de quel côté on penfoit
à nous conduire. Je m'apperçus que des quatre
cavaliers, il en reftoit deux derriere nous pour
garder apparemment le cocher de mademoifelle de L.... & mon laquais jufqu'à ce que nous
fuffions éloignés.

Nous marchâmes à grands pas pendant toute la nuit. A peine nos guides prirent-ils quelques moments pour faire rafraîchir leurs chevaux, & ce fut au coin d'une haie qu'ils s'ar-
rêterent à quelque diftance du grand chemin.
L'épuifement de nos forces nous obligea de
prendre auffi quelque nourriture, qui nous fut
préfentée avec heaucoup de foins & d'empreffement. Nous continuâmes de marcher jufqu'au jour, & notre étonnement redoubla lorfqu'au lever du foleil on nous fit entrer dans
une forêt fort épaiffe, où l'on nous déclara
que nous aurions le temps de nous repofer jufqu'au foir. Le chef de nos gardes paroiffoit
connoître fi parfaitement les lieux, qu'il devoit
les avoir obfervés plus d'une fois. Nous fûmes invités le foir à nous remettre en marche,
& nous fûmes conduits pendant les deux nuits
fuivantes avec les mêmes précautions.

Rien ne peut donner une idée de mon étonnement, lorfque le troifieme jour au matin,
les premiers rayons du foleil me firent aperce-
voir la mer, vers laquelle on nous faifoit tou-

jours avancer. Quoiqu'il nous reſtât peu de
chemin juſqu'à la côte, on nous fit paſſer le
jour dans un bois moins épais que déſert, d'où
je ne pus découvrir ni villages ni maiſons. J'a-
voue que mes yeux s'ouvrirent alors ſur mille
dangers dont je n'avois pas eu le moindre preſſentiment. Je me rappellai les menaces & la
hardieſſe de Mylord Linch. De quoi ne devois-
je pas le croire capable après les excès auxquels
il s'étoit emporté ? Mais qu'avoit-il à démêler avec mademoiſelle de L.... qu'il n'avoit jamais connue perſonnellement, & dont il ne
pouvoit même avoir appris le retour ? Ces réflexions m'occuperent pendant tout le jour, &
m'ouvrant enfin à ma compagne, je lui demandai ſi elle connoiſſoit Mylord Linch ? C'étoit
la premiere fois qu'elle eût entendu ce nom.
Son ignorance me perſuada que mes ſoupçons
étoient mal fondés, & revenant à mes premieres conjectures, je ne doutai plus que ce ne
fût un Gentilhomme Allemand qui avoit pris
le parti de la faire enlever, & qui avoit choiſi
la route de la mer comme la plus favorable
pour une entrepriſe de cette nature. Il étoit
facile, dans cette ſuppoſition, d'expliquer mon
propre enlevement que les raviſſeurs avoient
peut-être crû néceſſaire pour couvrir leur at-
tentat, s'ils euſſent été pourſuivis ſur la
route.

Je me flattois, ſuivant cette penſée, que la
liberté me ſeroit rendue au bord de la mer, &
toute ma compaſſion tomba ſur mademoiſelle
de L..., pour laquelle mon imagination ne
me préſentoit aucune reſſource. La nuit étant
devenue obſcure, on nous preſſa de rentrer
dans notre chaiſe. Nous deſcendîmes la côte,
au pied de laquelle j'apperçus dans les ténebres

quelques cabanes de pêcheurs, qui me firent
juger qu'on avoit choisi un lieu désert pour
l'embarquement. Cinq ou six matelots, dont
les discours ne me permirent pas de douter que
nous ne fussions attendus, se hâterent de nous
suivre au rivage, & malgré toutes mes espérances, on nous força de monter à bord d'un
yacht fort léger qui étoit prêt à nous recevoir.
Le vent s'étant trouvé assez favorable pour
nous éloigner aussi-tôt du rivage, nous fûmes
en pleine mer avant que la surprise & même la
frayeur, dont je n'avois pu me défendre, m'eussent laissé le pouvoir de prononcer une parole.

Mademoiselle de L... fondoit en larmes. J'é-
tois si occupé de mes propres craintes, que je
ne me sentois pas encore la force de lui parler.
Cet abattement auroit peut-être duré aussi long-
temps que mon incertitude, lorsque le chef de
nos ravisseurs s'approchant de moi d'un air civil,
me fit des excuses du chagrin qu'il m'avoit causé, & m'exhorta à consoler ma sœur, qui n'a-
voit pas sujet, me dit-il, de se livrer à cet excès
d'affliction. Ma sœur ! interrompis-je en
ouvrant tout-d'un-coup les yeux sur ce qui m'a-
voit paru le plus obscur : ah ! prenez-y garde,
continuai-je sans m'arrêter, vous avez mal servi Mylord Linch, il ne vous saura pas bon
gré de votre méprise : ce n'est pas ma sœur,
croyez-moi, remettez-nous au rivage ; vous allez nous causer des chagrins inutiles. Il parut
d'abord un peu frappé de l'air naturel dont j'ac-
compagnois cet avis ; mais se persuadant aussi-
tôt que c'étoit un artifice par lequel j'espérois
nous sauver de ses mains, il ne fit que sourire
de l'agitation que je marquois encore, &
m'ayant confessé qu'il exécutoit les ordres de
Mylord Linch, il remettoit, me dit-il, à éclair-

cir en Irlande le doute que je voulois lui faire
naître.

Je ne laiſſai pas d'inſiſter long-temps, & ne
recevant point d'autre réponſe, un juſte mouvement d'impatience me porta à lui reprocher
la honteuſe commiſſion dont il s'étoit chargé.
Mais auſſi inſenſible à mes injures qu'à mes
plaintes, il en prit ſujet au contraire de ſe confirmer dans la penſée où il étoit que j'avois
voulu lui en impoſer, & il ne ſongea plus qu'à
preſſer nos matelots de profiter du vent qui continuoit de leur être favorable.

Mademoiſelle de L... avoit entendu tout ce
que le chagrin & le zele m'avoient fait dire en
ſa préſence. Ses alarmes diminuerent beaucoup
lorſqu'elle ſe crut aſſurée qu'on la prenoit
pour une autre. Elle me témoigna même honnêtement que c'étoit pour elle une conſolation
de pouvoir penſer que ſon malheur en faiſoit
éviter à Roſe un beaucoup plus grand ; & je
conçus en effet que j'étois le ſeul à plaindre
dans une ſi cruelle aventure. Que ne devois-je
pas appréhender du furieux Linch, après tant
de marques de la violence de ſon caractere,
ſur-tout lorſque ſe voyant trompé dans ſes eſpérances, il feroit peut-être tomber ſur moi
la premiere chaleur de ſon reſſentiment ! Je
tournai les yeux vers le Ciel, pour lui demander un ſecours que je ne pouvois plus attendre
que de lui, ou du moins la meſure de conſ-
tance & de force qui convenoit à de ſi ter-
ribles épreuves.

Le vent ceſſa ſi peu de ſeconder la diligence
des matelots, que nous abordâmes la nuit du
quatrieme jour au petit port de Gleſſick, qui
eſt à quelques milles de Waterford. Nos raviſſeurs y trouverent une chaiſe, qu'ils y avoient

laiſſée à leur départ. Ils ne prirent que le temps
néceſſaire pour atteler les chevaux, & nous
preſſant de nous remettre en marche, ils avan-
cerent avec tant de diligence, que nous arrivâmes le lendemain après midi ſur les terres de
leur maître. Je reconnus en tremblant ſon château, & je me repréſentois déjà toutes les circonſtances de notre réception. Mes ſoupirs ſe
tournerent encore vers le Ciel. Enfin notre
chaiſe entra dans la cour, & tandis que notre
principal guide donnoit la main à mademoiſelle de L... pour l'aider à deſcendre, un autre
de nos gardes, ſurpris de ne voir paroître
perſonne pour nous recevoir, appelloit à haute
voix quelques domeſtiques par leur nom. Notre guide ne laiſſa pas de nous introduire dans
un appartement, & paroiſſant admirer à ſon
tour qu'il ne ſe fût encore préſenté perſonne,
il nous demanda la permiſſion de nous quitter
un moment. Cet air de ſolitude me cauſa auſſi
quelque ſurpriſe. Il ne ſe faiſoit pas le moindre mouvement autour de nous. Nous atten-
dîmes plus d'un quart-d'heure en ſilence, &
comme incertains de notre ſort.

Notre guide reparut ſeul. La conſternation
que je remarquai ſur ſon viſage n'étoit pas propre à me donner de meilleures eſpérances. Cependant, après avoir paru quelques moments
rêveur, il exhorta mademoiſelle de L..., qu'il
prenoit toujours pour ma ſœur, à déclarer librement ſes déſirs & ſes volontés, dans une
maiſon où elle pouvoit ſe regarder comme la
maîtreſſe abſolue. C'eſt l'intention de Mylord,
ajouta-t-il ; mais les affaires ſont bien changées.
Il retomba un moment dans ſa rêverie, & nous
n'étions point tentés de l'interrompre. Il y a
trois ſemaines, reprit-il, que je laiſſai ici My-

lord avec trente domeſtiques. Je n'y trouve
aujourd'hui que le concierge. Cependant vous
y ſerez ſervie avec autant de reſpect que de ſoin,
dit-il encore à ma compagne ; les gens que j'ai
avec moi connoiſſent là-deſſus les volontés
de leur maître, & je ſerai ici pour leur donner
l'exemple.

Malgré les nouvelles inquiétudes que toutes ces obſcurités devoient me cauſer, je re-
merciai intérieurement le Ciel de l'abſence de
Linch. Je me trouvois délivré de la principale
de mes craintes, & m'imaginant qu'on ne pen-
ſeroit point à gêner ma liberté dans un lieu où
je n'en pouvois faire uſage, j'eſpérai que le
Ciel confirmeroit la protection qu'il paroiſſoit
déjà m'accorder. Mademoiſelle de L..... attendoit que je m'expliquaſſe. Acceptons, lui dis-
je, les offres qu'on nous a fait, & ne penſez
qu'à vous remettre de la fatigue du voyage.
Je l'engageai en effet à ne rien refuſer de ce
qui pouvoit contribuer à ſa ſanté & à ſon repos. Nous commençâmes dès ce moment à
jouir de toutes les commodités de la maiſon.

Cependant je m'apperçus bientôt que j'étois
obſervé juſqu'à ne pouvoir faire un pas dans
le parc ſans être ſuivi par un de nos gardes.
Mon eſpérance n'avoit jamais été de m'évader ;
rien n'eût été capable de me faire abandonner ma compagne à tous les dangers qui
menacent continuellement la jeuneſſe & la
beauté ; mais je ne doutois pas qu'en m'écartant
un peu du château, je ne puſſe apprendre du
premier payſan, qui n'auroit pas été payé pour
ſe taire, les myſtérieuſes raiſons de l'abſence
de Linch. Avec quelque affectation que nos
gardes évitaſſent de ſatisfaire ma curioſité, je
démêlois de l'embarras dans leurs réponſes, &

de la tristesse dans leurs sentiments. Il arriva
même un incident qui nous eût apporté malgré
eux quelque lumiere, si mademoiselle de L....
n'eût pas manqué de hardiesse pour tirer parti
de l'occasion qui se présentoit.

Un jour qu'étant allé au jardin, je l'avois
laissée seule dans l'appartement où nous passions
ensemble une partie du jour, elle fut surprise
d'y voir entrer un cavalier, qui, n'ayant trouvé personne dans les cours du château, s'étoit
introduit d'autant plus librement qu'il étoit
un des plus proches parents du maître. Il avoit
été aussi frappé qu'elle d'y trouver une dame
dont la beauté l'avoit ébloui; & quoiqu'il par-
lât mal la langue française, il s'en étoit servi assez heureusement pour faire entendre ses
excuses. Il venoit, lui avoit-il dit, pour s'informer des dernieres nouvelles qu'on avoit eues
du malheur de Mylord Linch. Elle, que tout
étoit capable d'alarmer dans la situation où elle étoit, n'avoit pensé qu'à se délivrer de l'entretien d'un inconnu, & faisant aussi-tôt paroître un domestique, elle s'étoit retirée sans avoir
porté ses vues plus loin.

Cet événement, qu'elle se hâta de m'apprendre à mon retour, produisit dans la suite un effet fort étrange. Comme elle se reprochoit elle-même d'avoir cédé trop facilement à ses
craintes, & qu'elle souhaitoit ardemment de
retrouver la même occasion de s'instruire, il
lui arriva les jours suivants de se faire voir
quelquefois à sa fenêtre, dans l'espérance de
découvrir quelqu'un que nous pussions interroger elle ou moi. Le Gentilhomme qui l'a-
voit effrayée n'étoit pas sorti du château sans
emporter l'impression de ses charmes, & quelque explication qu'il eût tiré des gens qui nous

servoient, il avoit cédé dès le lendemain à l'inclination de son cœur, qui le rappelloit auprès
de ce qui l'avoit touché. Nos gardes ayant fait
difficulté apparemment de lui accorder l'entrée
de la maison, il avoit cherché inutilement à
se procurer la vue de mademoiselle de L.....;
mais la même espérance le ramena les jours suivants, & l'ayant distinguée de loin à sa fenêtre, il passa sur tous les obstacles pour s'approcher de la cour. Elle le vit, elle affecta même
de marquer de l'attention pour lui ; & dans
l'impatience de faire renaître l'occasion qu'elle
se reprochoit d'avoir perdue, elle demeura assez
long-temps à le regarder pour lui inspirer la
hardiesse de s'approcher davantage. Elle ne
s'appercevoit pas qu'on avoit eu soin de lever
le pont, & qu'il étoit arrêté malgré lui par un
large fossé. Cette scene ayant duré une partie
de l'après-midi, elle se retira fort mécontente
de sa retenue, qu'elle prenoit pour le respect
mal entendu d'un homme timide. Il étoit néanmoins si éloigné de ce sentiment, qu'ayant
donné au contraire l'explication la plus flatteu-
se pour lui à la complaisance qu'on avoit eue
de le regarder si-long-temps, il se figura qu'on
entroit dans le sens de ses soins, & qu'on étoit
disposé à les approuver. Il reparut le lendemain dans cette idée, tandis que mademoiselle de L...., pensant de son côté à se procurer
le moyen de lui parler, se remit à sa fenêtre,
avec la résolution d'employer tout ce qu'elle
croiroit propre à lui faire surmonter sa timidité.
En effet, non-seulement elle parut attentive
au soin qu'il eut de la saluer plusieurs fois, mais
se lassant de le voir demeurer à la même distance, elle se hazarda à lui faire signe de s'approcher. Une faveur à laquelle il s'attendoit si peu,

parut l'émouvoir jusqu'au transport. Je dois
confesser que j'étois derriere mademoiselle de
L...., & que c'étoit à ma sollicitation qu'elle
s'étoit déterminée à l'appeller. Nous eûmes ainsi
pendant quelques moments le spectacle de son
embarras & de ses agitations. Il tendoit les deux
bras vers le pont pour faire remarquer qu'il étoit
levé ; il les baissoit vers le fossé pour en montrer la largeur ; il les tournoit de tous les côtés
de la cour, pour faire entendre qu'il n'y pouvoit trouver aucun accès ; il les étendoit ensuite vers nous avec divers mouvements qui expri-
moient son désespoir ; enfin paroissant prendre
tout-d'un-coup un autre parti, il recommença
d'autres signes que je ne compris pas d'abord
aussi facilement que les premiers. En étendant
les bras, il faisoit un demi-cercle avec la main.
Cependant je crus démêler qu'il désignoit le
jardin, par lequel il vouloit marquer que le
passage étoit plus facile. Mais il falloit traverser ensuite plusieurs appartements. Quelques
nouveaux signes qu'il ajouta me firent concevoir
qu'il demandoit d'être secondé. Je pressai mademoiselle de L... de lui répondre par des inclinations de tête favorables ; & les gestes qu'il
fit pour exprimer sa joie ne me permirent point
de douter qu'il n'eût compris ce langage.

Il se retira en effet avec les apparences d'une
vive satisfaction. Le soir n'étant pas éloigné,
je ne pensai plus qu'à suivre l'espérance où j'é-
tois qu'il ne manqueroit pas de se présenter de
l'autre côté du château ; & connoissant assez
les lieux pour m'assurer que je trouverois facilement le moyen de l'introduire, je me flattai
d'obtenir de lui des éclaircissements pour lesquels ma curiosité augmentoit de jour en jour.

Notre souper étant fini, nous nous défimes

de nos gardes, qui avoient toujours cette
obéiſſance pour nos ordres lorſque nous ſouhai-
tions d'être ſeuls. Mademoiſelle de L.... ſans
ceſſe occupée de ſes chagrins, voulut être diſ-
penſée de recevoir la viſite que j'attendois, quoiqu'il fût bien clair que le motif du Gentilhomme étoit uniquement de la voir. Elle ſe repo-
ſoit ſur moi, me dit-elle, de ſa conduite & de
la ſûreté de ſon honneur ; & n'ayant eu la complaiſance de ſe mêler dans cette aventure que
pour entrer dans mes vues, elle me laiſſoit le
ſoin d'en tirer tout le fruit que je m'étois
propoſé. Je lui fis d'autant moins d'inſtances,
que je croyois cette réſolution convenable à ſa
modeſtie. Mon deſſein étoit d'introduire le
Gentilhomme dans ma chambre, & non-ſeu-
lement d'entrer avec lui dans quelques explications ſur les affaires de Mylord Linch, mais
de profiter, s'il étoit poſſible, du foible que je
lui avois reconnu, pour le diſpoſer adroitement
à nous procurer la liberté. Je deſcendis dans
les ténebres, & m'étant rendu ſans bruit à la
porte du jardin, à peine l'eus-je ouverte que
j'entendis touſſer doucement à quelques pas de
moi. L'obſcurité ne me permettoit de rien appercevoir. Mais ce ſignal répondant à mon attente, j'admirai ſeulement que de folles paſ-
ſions fuſſent capables d'inſpirer une ardeur que
les devoirs les plus ſaints ne donnent pas toujours, & je me hâtai de dire à voix baſſe : ſi
vous êtes l'homme qu'on a vu par la fenêtre,
approchez ſans crainte. Il fut à moi auſſi-tôt.
Donnez-moi la main, ajoutai je du même ton,
& laiſſez-vous conduire ſans prononcer une
parole. En recevant ſa main je remarquai
qu'elle étoit tremblante : vous n'avez rien à
redouter ici, lui dis-je pour le raſſurer, évitons

feulement le bruit qui pourroit alarmer nos fur-
veillants. Il fe raffura fi vîte., qu'appliquant fa
bouche fur ma main au bout de quatre pas , il
me la tint long-temps ferrée contre fes levres.
Vous n'y penfez pas , lui dis-je en m'efforçant
de la retirer ; mais il renouvella vingt fois cette careffe avec une efpece de tranfport. Mon
embarras fut beaucoup plus grand en traverfant
un fallon qu'il connoiffoit ; m'ayant arrêté tout-
d'un-coup : qui nous oblige d'aller plus loin ,
me dit il en mauvais Français ? croyez-vous
que nous ayons quelque chofe à rifquer ici ?
Oui , répondis-je : parlez bas , nous pourrions
être entendus , & je ne vois point de lieu plus
fûr que ma chambre. Du moins , reprit-il en
me faififfant la tête , & en me donnant quelques baifers paffionnés , que ce charmant fallon foit un moment témoin de mon ardeur. Je
l'aurois cru fou , fi je ne m'étois imaginé qu'il
fe croyoit conduit par mademoifelle de L.... ;
mais riant déjà de la furprife où je prévoyois
qu'il alloit tomber en fortant de fon erreur ,
je me contentai de me dégager de fes bras, &
je le preffai de me fuivre. Il fallut effuyer jufqu'à ma chambre cent importunités de cette
nature.

On riroit beaucoup dans une aventure fi fé-
rieufe, fi j'entreprenois de peindre l'étonnement
& la confufion dont il ne put s'empêcher de
donner des marques en appercevant la difform-
mité de ma figure à la lumiere. Dans le premier
mouvement il porta la main fur la garde de fon
épée , & je ne fais de quoi fon trouble l'auroit rendu capable , fi je ne m'étois hâté de lui
remettre l'efprit par l'honnêteté & la douceur
de mes premieres expreffions. Vous êtes ici fans
danger , lui dis-je , & loin de penfer à la vio-

lence , vous n'aurez occasion que d'y exercer
des bienfaits. Je le priai de s'asseoir , & voyant
qu'il avoit peine à revenir de son agitation , il
me parut que le désordre même où il étoit
pouvoit favoriser mon dessein. Vous êtes parent de Mylord , repris-je , & curieux par conséquent d'entendre les dernieres nouvelles qu'on
a reçues de lui. Oui , me dit-il avec un reste
d'embarras , & j'ai peine à comprendre ce qui
rend ici ses gens si difficiles , qu'ils m'interdi-
sent brutalement l'entrée de sa maison pendant
son absence. Je vous en apprendrai quelque
chose , interrompis-je ; mais dites-moi où vous
en êtes , & quelle explication on donne dans le
pays à son aventure ? Cette maniere de l'interroger me réussit parfaitement.

Il me répondit qu'il savoit ce que tout le
canton avoit su comme lui ; c'est-à-dire que
Linch surpris par les gardes du Vice-Roi , avoit
été emmené sans défense , & qu'il étoit prisonnier au château de Dublin. Pour la raison de
cet accident , continua-t-il , nous n'avons pu
nous en imaginer d'autre que ses liaisons à la
Cour de S. Germain , & la haute faveur où
l'on prétend qu'il est auprès du Roi Jacques.
On avoit même assuré , ajouta-t-il , qu'il pen-
soit à s'établir en France ; & les deux voyages
qu'il a faits ici successivement l'ont rendu suspect aux Chefs de l'Etat. Ces lumieres ne me
suffisant pas , je l'interrompis pour prévenir les
questions auxquelles je m'attendois. J'ignore
les suites de ce malheur , lui dis-je , & je ne suis
pas encore mieux informé que vous ; car si l'on
vous défend l'entrée de cette maison , vous ne
vous imagineriez pas qu'on m'en ferme la porte. Il parut surpris de ce discours , & comme
je n'avois point d'autres précautions à prendre

que celles qui pouvoient fervir à la liberté de
mademoifelle de L...... & à la mienne, je continuai de lui raconter par quelle aventure nous
nous trouvions prefqu'auffi refferrés dans le
château de Linch, que Linch l'étoit lui-même
dans celui de Dublin. Son zele fut d'autant plus
échauffé de ce récit, qu'il apprenoit non-feulement que la naiffance de mademoifelle de L....
méritoit d'être refpectée, mais que n'étant en
Irlande que par l'erreur de nos guides, il étoit
en droit de la fervir, fans offenfer un parent
qu'il redoutoit. Je m'étois bien gardé de lui
parler des reffentiments particuliers que Linch
pouvoit conferver contre moi ; cependant
n'ayant pu lui déguifer que j'étois Irlandois, cet
aveu m'avoit conduit à lui confeffer mon nom.
Il le connoiffoit d'autant mieux, qu'ayant fait
fes exercices à Dublin avec mes freres, il lui
reftoit un fouvenir fort tendre de Patrice. Vous
ne ferez retenus ici, me dit-il, qu'auffi long-
temps que vous le fouhaiterez volontairement.
Rien n'empêche que nous n'en puiffions fortir
comme j'y fuis entré. J'ai des chevaux, ajouta-t-il, à la porte du parc, & vous êtes libres à ce moment fi vous voulez me fuivre.

La feule difficulté qui m'arrêta regardoit mademoifelle de L..., que je craignois d'expofer à
de nouveaux dangers. Il pénétra mes craintes,
& s'expliquant avec la générofité qui convenoit à fa naiffance, il me pria de croire que
j'appercevrois beaucoup de différence entre les
fentiments qu'il vouloit prendre pour une perfonne dont je lui faifois connoître le mérite &
la condition, & ceux qu'il avoit eus pour elle
lorfqu'il ne l'avoit prife que pour une fille du
commun, qu'il s'étoit même imaginé que My-

ford faifoit fervir à fes plaifirs. Sa demeure n'é-
toit éloignée que de trois milles. Il m'aſſura
qu'il y avoit ſa mere & ſes ſœurs , avec leſquel-
les mademoiſelle de L.... pourroit trouver autant d'agrément que de ſûreté. Sa parole qu'il
me donna dans les termes les plus propres à me
raſſurer , eut enfin le pouvoir de m'inſpirer
quelque confiance. J'avois ſu de nos gardes
mêmes qu'il étoit lié de fort près par le ſang
à Mylord Linch ; & dans le choix de deux dangers , je me perſuadai que c'étoit éviter le plus
grand que de me repoſer ſur la foi d'un homme de qualité.

Je ne veux point faire entendre par cette réflexion que ma confiance ait été trompée. Mais
ce que je regardois comme un avantage pour
mademoiſelle de L.... devint l'occaſion de mille
infortunes auxquelles ſon mauvais ſort la deſti-
noit , & la ſource d'une infinité de chagrins
pour moi-même. Aveugle prudence des hommes , qui les engage ſans ceſſe dans les précipi-
ces qu'ils s'efforcent d'éviter !

Le Gentilhomme qui m'offroit ſi généreu-
ſement ſes ſervices ſe nommoit Angleſey. Ce
nom que je connoiſſois ayant achevé de m'é-
branler, je demandai un moment pour faire la
propoſition de notre départ à ma compagne ; non
que je préviſſe de la difficulté à lui faire goûter mon conſeil , mais je penſois à lui inſpirer
du courage par l'explication du ſecours que la
Providence paroiſſoit nous offrir. Loin de s'effrayer d'une réſolution ſi précipitée , elle fut
ravie qu'on lui ouvrît une retraite chez des Dames d'un nom diſtingué , où elle pourroit ſe
remettre un peu de ſes frayeurs & de ſes fati-
gues. Nous n'avions rien qui fût embarraſſant
à tranſporter. Ainſi prenant le parti de ſuivre

à l'heure même notre libérateur, nous def-
cendîmes au jardin, d'où nous gagnâmes affez
facilement la porte du parc. L'opinion que j'a-
vois de la bonne foi d'Anglefey ne m'empécha
point de prendre mademoifelle de L.... fur la
croupe de mon cheval. J'exigeai même de lui
qu'il nous devançât au galop, pour aller prévenir fa mere & fes fœurs fur notre arrivée ; & fon
laquais qui fe trouvoit à pied, fuffifant pour nous
conduire, je me mis tranquillement en chemin
dans une nuit des plus obfcures. Que de réflexions ne fis-je pas néanmoins fur la bizarrerie d'une aventure auffi oppofée à mon inclination qu'à mon caractere ? Un Eccléfiafti-
que de ma figure & de mon âge, à cheval,
dans les ténebres, avec une fille de dix-fept
ans derriere lui : quelle étrange fcene !

Notre voyage fut auffi heureux qu'il étoit
court. Nous arrivâmes dans une maifon moins
vafte que celle de Mylord Linch, mais d'affez belle apparence pour nous faire connoître
en y entrant qu'elle n'étoit point habitée par
des gens d'une condition commune. Anglefey
qui s'empreffa pour en faire les honneurs, nous
reçut avec tous les témoignages de refpect qu'il
auroit rendus au Vice-Roi. Sa mere auffi refpec-
table par fa vertu que par fa naiffance, & fes
deux fœurs qui ne manquoient d'aucun des
agréments qui font ordinaires aux femmes d'Irlande, nous attendoient dans un appartement
fort orné, & nous comblerent dès le premier
moment de civilités & de tendreffe. Notre
premier entretien ne fut qu'une répétition de la
malheureufe aventure qui nous avoit conduits
hors de France. Enfuite, tandis que fes deux
fœurs s'attacherent particuliérement à mademoifelle de L.... la mere me témoignant la joie
qu'elle

qu'elle avoit de me voir chez elle, me rappelloit diverses circonstances où elle se souvenoit
d'avoir vu quelques Gentilshommes de ma famille, & me demandoit même si je ne croyois
pas que nous fussions alliés par différentes personnes dont elle me citoit tous les noms. Elle se
souvenoit d'avoir entendu raconter mille fois
à son fils qu'il avoit été lié familiérement avec
mes freres ; & le portrait qu'il lui avoit fait de
Patrice l'intéressant en sa faveur, elle apprit
avec joie qu'il avoit établi sa fortune par un
mariage fort avantageux. Nous trouvâmes ainsi
dans nos hôtes tous les sentiments de bonté
& d'honneur qui pouvoient nous faire regarder leur maison comme un agréable asyle.

LIVRE SIXIEME.

LE profond repos dans lequel je me dis-
poſai à paſſer la nuit, ne m'empêcha point
de m'occuper en me retirant de l'inquiétude
de Mylord Tenermill & de Roſe. Jacin n'a-
voit eu qu'une relation terrible à leur faire,
& les craintes les plus affreuſes à leur communiquer. Je ne me mis au lit qu'après leur avoir
fait le détail de mon aventure dans une lettre
que je propoſois de faire partir le jour ſuivant.
Mademoiſelle de L... y en joignit une pour ma
ſœur. Ma bourſe, où j'avois heureuſement plus
de cent louis, n'ayant ſouffert aucune diminution par nos chagrins, je me trouvois en état
de procurer à ma compagne toutes les commodités qui convenoient à notre ſituation. Ainſi
je mis dès le lendemain auprès d'elle une femme qui conſentit à nous accompagner juſqu'à
Paris. Notre deſſein n'étoit pas de faire un long
ſéjour en Irlande ; mais un voyage entrepris
par le devoir & la prudence, ne ſe fait pas avec
auſſi peu de meſures qu'un enlevement. Il falloit attendre des occaſions qui ne ſe préſen-
tent pas tous les jours, & ſe pourvoir de mille
ſecours néceſſaires ſur la route. La captivité de
Mylord Linch nous laiſſoit toute la liberté d'y
penſer ſans le craindre ; & ſi l'on excepte
d'ailleurs le reſſentiment qui pouvoit lui reſter
contre moi, je ne voyois point de raiſon qui
dût me faire appréhender ſon retour. Dans toute
autre conjoncture je n'aurois pas oublié que j'a-
vois un aimable frere & un cher troupeau que
je devois ſouhaiter de revoir ; mais je regardois
mademoiſelle de L... comme un dépôt que les

circonſtances me rendoient encore plus précieux, & qui demandoit néceſſairement mes
premiers ſoins. Je brûlois de la remettre en
France ; & ſi l'on ſe rappelle d'autres ſujets
d'alarme que je ne veux pas déguiſer, je ne
pouvois être ſans inquiétude auſſi long-temps
que la mer ne ſeroit pas entr'elle & Patrice.

Angleſey, dont les ſentiments s'étoient reſ-
ſerrés dans les bornes de l'eſtime & du reſpect,
ne refuſa pas de s'employer aux préparatifs de
notre départ ; mais par un mouvement de ga-
lanterie, autant que pour obliger ſa mere & ſes
ſœurs, il nous déclara agréablement que nous
ne devions point compter ſur ſa diligence, &
qu'il alloit ſe faire une étude de nous cacher
toutes les occaſions qui ſe préſenteroient de
partir, ou de nous empêcher de les prendre. Il
s'en fit une auſſi de procurer à mademoiſelle
de L.... les amuſements qu'il crut propres à
diſſiper ſa triſteſſe. Elle n'avoit pas la force de
la cacher. Ses larmes ou ſes ſoupirs la trahiſ-
ſoient à tous moments malgré elle. Il étoit naturel de les prendre pour l'effet de notre malheur commun, & j'affectois moi-même de ne
pas leur donner d'autre explication ; mais
ayant d'autres lumieres qui ne me permet-
toient pas de m'y méprendre, j'admirois
qu'une perſonne de ſon âge fût capable d'une
impreſſion ſi profonde, & je la plaignois de
ſe rendre la victime d'une douleur inutile.

Pendant que je m'occupai à trouver par mes
propres ſoins ce que la lenteur d'Angleſey ne
me faiſoit pas ſi-tôt eſpérer des ſiens, la curioſité de ſavoir des nouvelles de Linch, & d'apprendre ſous ce prétexte ce que ſes gens avoient
penſé de notre évaſion, le conduiſit un jour au
château d'où il nous avoit délivrés. Il revint

le foir avec une lettre à mon adreffe. Elle eft
de Mylord Linch , me dit-il , qui vous croit
toujours prifonnier chez lui , & qui n'eft pas
moins perfuadé que votre fœur y eft avec vous.
Ses gens l'entretiennent dans cette fauffe idée,
par la crainte d'augmenter fon infortune en redoublant fes chagrins. Il nous raconta , en me
la remettant, qu'étant entré au château , il y
avoit trouvé toutes les marques d'une profonde
confternation. Notre fuite y paffoit pour un
prodige , que nos gardes n'avoient encore pu
comprendre. Leur chef croyant qu'il n'avoit
plus de mefures à garder , n'avoit pas fait difficulté de s'ouvrir à lui fur la malheureufe fin
d'une commiffion dont les commencements
avoient fi bien réuffi. Dès le jour de notre arrivée il avoit dépêché à Dublin un de fes affo-
ciés , pour rendre compte à leur maître du fuccès de leur entreprife & le confoler dans fa difgrace , en lui apprenant que les intérêts de fon
cœur étoient du moins à couvert. Cette nouvelle l'avoit comblé de joie. Il avoit employé
deux jours à m'écrire une lettre qu'il avoit
vingt fois recommencée ; & preffant le meffager de me la porter , il lui avoit recommandé ,
avec les dernieres inftances , de ne lui pas
faire attendre long-temps ma réponfe. Cependant huit jours s'étoient déjà paffés depuis notre évafion , & quatre depuis le retour du cou-
rier , fans qu'ils fuffent capables de s'arrêter à
la moindre réfolution. Que répondre à Mylord ? Comment lui apprendre un malheur qui
alloit le mettre hors de lui-même , fur-tout
dans un temps où fes affaires prenoient un tour
fi peu favorable , qu'il avoit befoin de toute fa
liberté d'efprit pour fe défendre ? Enfin notre
raviffeur , qui fe trouvoit ainfi comme l'héri-

tier de nos peines, avoit fupplié Anglefey de
l'aider dans fon embarras ; & l'intéreffant au
bonheur de fon maître à titre de parent &
d'ami, il s'étoit remis de fa conduite à fes ordres ou à fes confeils.

Anglefey auroit pu terminer cette comédie,
en confeffant tout-d'un-coup qu'il nous avoit
accordé une retraite dans fa maifon, & qu'étant
informé de l'erreur qui leur avoit fait enlever
une perfonne pour une autre, il n'avoit pas cru
défobliger fon ami & fon parent en nous recevant avec la civilité qu'on doit à d'honnêtes
gens. Mais la crainte de s'engager mal-à-propos fans ma participation, & l'envie d'ailleurs
de tirer de leurs mains la lettre de Mylord, lui
fit prendre un autre parti. Sans leur avouer
qu'il fût déjà le fond de notre aventure, il feignit d'avoir eu quelques nouvelles qui lui faifoient efpérer de découvrir notre retraite ; &
propofant de fe charger de la lettre, il engagea
fa parole de la remettre entre leurs mains dans
l'efpace de trois jours, s'il ne réuffiffoit pas à la
faire tomber dans les miennes. Pour l'inquiétude de leur maître, il leur avoit confeillé de
la fufpendre encore en continuant de lui cacher
ma fuite, & en fe hâtant de lui faire dire que
dans le chagrin de me voir enlevé avec ma
fœur, je refufois abfolument de lui répondre
avant qu'il nous eût rendu la liberté. Cet artifice avoit fi bien réuffi, qu'on lui avoit confié
la lettre ; & perfuadé qu'elle devoit contenir des
éclairciffements d'importance, il n'avoit pas
perdu un moment pour me l'apporter.

Je l'ouvris avec impatience. Elle étoit d'une
longueur qui répondoit fort bien au temps que
Linch avoit mis à la compofer, & je reconnus
bientôt que le fond de la matiere n'avoit pas

E 3

dû l'embarraſſer moins que l'étendue. C'étoit
l'apologie de ſes ſentiments & de tout le cours
de ſa conduite. Reprenant l'hiſtoire de ſa paſſion depuis ſon origine, il concluoit à ſe déclarer innocent, ou à rejetter ſes fautes ſur l'a-
mour & ſur la fortune. Mais atteſtant le Ciel
que dans les emportements mêmes dont il ſe
reconnoiſſoit coupable, il n'avoit jamais perdu
le fond de vénération qu'il avoit pour moi, &
bien moins le reſpect qu'il devoit à la ſouve-
raine maîtreſſe de ſes affections, devoit-il céder, diſoit-il, les droits qu'il avoit acquis par
les promeſſes les plus ſaintes ? Son honneur n'y
étoit-il pas auſſi intéreſſé que ſa tendreſſe ? Par
quel mépris pour ſa perſonne & pour notre nation m'étois-je obſtiné à lui préférer un Français ? Ce n'étoit donc pas aſſez de des Peſſes,
il falloit, après la mort d'un rival, que mes
ſoins en fiſſent auſſi-tôt naître un autre, & que
pour le faire triompher plus ſûrement du cœur
de Roſe, je me fiſſe une étude de le choiſir avec
toutes les qualités qui ne manquent point d'é-
blouir une femme ? Mais s'il avoit le malheur
de me paroître mon aimable, quel reproche
pouvois-je faire à ſa naiſſance, à ſa fortune, à
ſa condition & à ſon honneur ? Les fautes qui
me l'avoient peut-être rendu odieux n'étoient
pas d'une nature à déshonorer un Gentilhomme
à qui l'uſage de l'épée doit être familier, & de
ſavoir d'ailleurs à quelle ſource elles devoient
être attribuées. Dans la réſolution qu'il avoit
priſe de me faire enlever avec ma ſœur, ne devois-je pas voir juſqu'où il étoit capable de
porter la délicateſſe, & reconnoître les mêmes
ſcrupules d'honneur qui l'avoient empêché autrefois de l'enlever ſeule & ſans ma participation ? Il vouloit que je fuſſe témoin de ſa con-

duite & juge de ses sentiments. Toutes mes froideurs & mes répugnances céderoient bientôt,
il en étoit sûr, à l'ardeur de son amitié & de
ses caresses. Le soin de toute sa vie seroit de me
faire un sort digne de moi. Il se flattoit de même que ma sœur reviendroit de ses malheureu-
ses préventions, & que dans la liberté qu'il
alloit avoir de vivre auprès d'elle, il trouveroit infailliblement le moyen de l'attendrir.
Son malheur ne venoit que d'avoir été privé
trop tôt du plaisir de la voir familiérement.
Quelles douceurs ne se promettoit-il pas dans
un commerce si plein de charmes ! Que d'attentions, que de soins il alloit apporter à la rendre
heureuse ! Il se jettoit d'avance à ses genoux,
pour la conjurer d'oublier ses chagrins, &
d'exiger toutes les réparations qu'elle croiroit
propres à les dissiper. Son respect & la crainte
de lui déplaire alloient jusqu'à lui ôter la hardiesse de lui écrire.

Enfin ne doutant pas, ajoutoit-il après quantité d'autres réflexions, que je ne me rendisse à
ses instances, & me faisant même remarquer
qu'après l'éclat d'un enlevement je n'avois
point à choisir d'autre parti, il me prioit de regarder désormais ses intérêts comme les miens.
Il me donnoit une autorité absolue dans sa maison & dans ses terres, en me recommandant de
veiller sans cesse au repos & à la satisfaction de
Rose. Sa confiance alloit jusqu'à me communiquer l'embarras de sa situation. Ses ennemis
avoient inspiré au Gouvernement de fâcheux
soupçons de sa fidélité. Quoique les accusations ne fussent pas capitales, elles pouvoient
le devenir par le moindre incident qui feroit
prendre à ses liaisons avec la Cour de S. Germain une couleur de haute trahison. Les hosti-

lités qui commençoient vivement entre la France & l'Angleterre ne pouvoient aboutir qu'à
une rupture éclatante ; & fi la guerre s'enga-
geoit malheureufement avant qu'il fût déchar-
gé , il étoit menacé de fe reffentir de la condition du temps , qui feroit peut être changer de
nature aux dépofitions. En finiffant ce récit , il
me demandoit fi , dans l'occafion que j'avois
eue plufieurs fois de folliciter les tribunaux
de la Juftice , il ne m'étoit pas refté quelque
lumiere qui pût fervir à fa défenfe ; & s'il n'eût
jugé , ajoutoit-il , que ma compagnie étoit néceffaire à ma fœur , il m'auroit propofé de
faire le voyage de Dublin pour l'aider de mes
confeils.

Cette lettre dont j'ai refferré la fubftance
dans cet extrait, ne m'infpira pas de réflexions
malignes , ni rien qui reffemblât à la vaine fatisfaction dont on a peine à fe défendre , en
voyant dans l'erreur & dans la difgrace ceux
qui pourroient abufer de leurs lumieres & de
leur liberté pour nous nuire. Au contraire ,
condamnant Anglefey d'avoir cru que le confeil qu'il avoit donné aux gens de Linch pouvoit fervir à la tranquillité de leur maître , je
fis confeffer à ceux qui m'écoutoient , qu'il
feroit beaucoup plus avantageux pour lui de
n'avoir qu'une affaire pour objet, & que l'inquiétude où mon feul filence étoit capable de
le jetter pouvoit mettre beaucoup de trouble
dans fon efprit. Cette idée me fit penfer auffi-
tôt à le détromper. Il aura le chagrin , difois-
je , de voir fes efpérances & fes mefures trom-
pées ; mais fe confolant d'un mal fans re-
mede, il ne s'occupera que de celui qui le preffe.
Ce fut après m'être arrêté à cette réfolution
que j'en formai une plus étendue. En relifant

fa lettre je fus touché du tour qu'il donnoit à fa juftification, & je conçus qu'en effet une paffion ardente dans un homme violent, peut le porter à bien des excès que fa raifon condamne fans avoir la force de les arrêter. Si fon honneur en conferve affez pour les combattre & pour en réprimer du moins certains effets, c'eft une modération dans le mal, qui doit faire juger favorablement de fon caractere, & qui lui fait peut-être mériter plus de pitié que de mépris & d'averfion. Linch aimoit ma fœur. L'amour doit-il être puni par la haine ? N'étoit-il pas affez malheureux de n'avoir pu réuffir à lui plaire, & de s'être engagé dans cette multitude de fauffes démarches dont il ne lui revenoit que de la douleur & de la confufion ? Pourquoi infulter à fes peines ? Dans le mal même qu'il nous avoit fait, ne pouvois-je pas démêler quelque chofe de flatteur pour nous, qui nous invitoit à l'amitié plutôt qu'à la vengeance ?

Ma générofité n'ayant point manqué de s'échauffer par ces réflexions, je m'imaginai qu'il ne s'étoit pas perfuadé mal-à-propos que je pouvois lui être utile. J'étois connu du Vice-Roi, & je ne me flattois pas en lui croyant pour moi quelque eftime. Je n'étois pas mal non plus dans l'efprit des principaux membres du Confeil, & l'expérience que j'avois eue des procédures me rendoit capable de choifir les voies les plus abrégées. Il me vint même à l'efprit un expédient que je crus décifif pour fa juftification & pour fa liberté. J'examinai mon idée avec beaucoup d'ardeur, & ne la trouvant que plus plaufible après bien des méditations, j'aurois cru devoir me reprocher la perte d'un malheureux, fi je lui avois refufé un fecours dont

E 5

je jugeai l'effet infaillible. Dès le lendemain
je déclarai à mademoiselle de L... que j'étois réfolu de la confier pendant quelques jours à l'a-
mitié de madame Anglefey, pour me rendre à
Dublin. Elle ne fut point alarmée de mon
projet. L'honneur & la vertu fembloient s'être
réunis dans cette maifon pour fa fûreté ; je
partis tranquille, & je la laiffai de même.

Comment aurois-je prévu ce qui étoit encore caché dans l'avenir, lorfque je n'avois pas
la moindre défiance de ce qui fe paffoit autour
de moi? Pouvois-je deviner qu'en voulant nous
fervir, Anglefey nous avoit déjà caufé des
maux que tout le pouvoir des hommes n'étoit
plus capable de réparer ? Il avoit écrit à Patrice pour lui rappeller le fouvenir de leur ancienne liaifon, & lui apprendre que j'étois chez lui
avec mademoiselle de L.. Il s'étoit fervi de ce
motif pour l'engager à venir nous furprendre
dans fa terre. C'étoit tout ce que j'avois appréhendé dès le premier moment, & je n'étois
pas guéri de mes craintes ; mais quel moyen
de pénétrer ce qu'Anglefey fe faifoit un plaifir de nous diffimuler dans l'efpérance de nous
caufer une furprife agréable ?

Je partis fans foupçon. Il me vint même à
l'efprit fur la route de profiter de cette occafion pour faire un voyage de quelques jours
dans le comté d'Antrim. Dublin m'en rap-
prochoit beaucoup, & je ne voyois pas de difficulté à cacher l'aventure qui m'avoit amené en Irlande. Cependant ayant remis ce deffein après les fervices que je voulois rendre à
Mylord Linch, je m'occupai entièrement de
fes affaires. Il me reçut dans fa prifon avec des
tranfports de joie. Un voyage qu'il ne pouvoit attribuer qu'à l'envie de le fervir, lui pa-

rut capable de le raſſurer contre toutes ſes craintes ; s'il commença par quelques excuſes, il
n'attendit pas que j'y euſſe répondu pour
m'exprimer tous les ſentiments dont il avoit
le cœur rempli ; & ſe hâtant de me parler de
Roſe, il me fit cent queſtions ſur ſa ſanté, &
ſur les diſpoſitions où elle étoit pour lui, avant
que je puſſe trouver un moment pour ouvrir
la bouche.

Enfin m'ayant laiſſé la liberté de lui répondre, je ne cherchai point de détour pour lui
déclarer que ſa joie étoit mal fondée ſi elle
ſuppoſoit le ſuccès de ſa téméraire entrepriſe.
Vous croyez ma ſœur en Irlande, lui dis-je,
vos gens ont tort de vous avoir laiſſé dans cette
erreur. Ils n'ont point manqué de fidélité pour
vos ordres ; mais leur zele s'eſt trompé en prenant pour elle une fille que vous ne connoiſ-
ſez point. Ils lui ont fait paſſer la mer avec
moi, & grace à la protection du Ciel nous
ſommes délivrés de nos alarmes. Un autre,
ajoutai-je, vous reprocheroit des violences qui
ne bleſſent pas moins les loix humaines que
celles du Ciel ; mais je ſuis ici par des motifs
tout différents. Je penſe, comme vous, que
nres ſoins peuvent vous être utiles, & le zele
avec lequel je vais m'employer à vous ſervir,
vous apprendra que je ſais oublier les injures.

Quoique le ton que j'avois pris fût trop ſé-
rieux pour faire regarder mon diſcours comme un badinage, ſa prévention ne lui permit
point de le croire ſincere. Il me dit, en ſouriant, qu'il me pardonnoit auſſi volontiers mes
reproches que le deſſein où je paroiſſois être
de l'embarraſſer un peu par mes feintes, &
qu'après tout il devoit s'eſtimer trop heureux

de me voir si tôt difposé à lui pardonner une
démarche qu'il ne s'étoit flatté de me faire oublier que par de longs fervices. En vain re-
commençai-je à lui protefter qu'il s'aveugloit
inutilement ; que ma fœur étoit tranquille en
France , & que je n'avois point d'autre vue
que de fatisfaire ma propre générofité dans l'offre que je venois lui faire de mes foins : la force de mes inftances ne fit que le jetter dans une
autre erreur. Il fe perfuada que c'étoit un artifice que j'avois médité pour délivrer Rofe de
fes mains ; & s'attachant à cette idée , il feignit
de fe rendre à mes proteftations , avec un fourire néanmoins par lequel il fembloit me faire
entendre que toute mon adreffe n'étoit pas capable de le tromper.

Il m'importoit fi peu qu'il changeât d'opinion , que fans infifter davantage je lui parlai
de l'efpérance que j'avois de le fauver par une
voie que je remis à lui expliquer après l'événement. Comme la plupart de fes gens étoient
à Dublin , il leur fit donner ordre d'exécuter
toutes mes volontés , & de s'attacher même à
ma fuite , pour me faire paroître à la Cour du
Vice-Roi avec quelque air de diftinction.

Ce n'étoit ni la violence ni la rufe que je
me propofois d'employer. J'avois conçu que
les principales accufations dont Linch étoit
chargé , regardant fes liaifons à la Cour de S.
Germain , & le projet de paffer au fervice du
Roi Jacques , pour lequel on le foupçonnoit
d'avoir de l'attachement , l'importance étoit
de le juftifier nettement fur ces deux articles ,
& l'un paroiffoit dépendre de l'autre ; car avec
quelque apparence de faveur qu'il eût été reçu
à S. Germain , les inductions qu'on en pouvoit tirer s'évanouiffoient d'elles-mêmes , s'il

paroissoit que son cœur fût attaché au gouvernement d'Angleterre, & que loin de penser
à quitter sa patrie, il avoit voulu s'y former
de nouveaux liens. Or non-seulement les deux
combats dont il s'étoit rendu coupable en France lui fermoient l'entrée de ce Royaume,
mais le dessein qu'il avoit eu d'enlever ma sœur
étoit un témoignage qu'il vouloit se renfer-
mer en Irlande. Sa sûreté même lui auroit-elle
permis de repasser la mer après un éclat qui
l'exposoit plus que jamais à la sévérité de la
Justice? C'étoit sur cette preuve que je fon-
dois le succès de mon entreprise, & quand elle
auroit été sujette à quelques objections, il lui
restoit toujours assez de force pour l'emporter
sur de simples soupçons, qui faisoient plus
d'honneur au zele qu'à la justice du gouvernement.

Un mémoire que je dressai avec soin pour
préparer le Vice-Roi à m'entendre, le disposa si
favorablement, que dès la premiere audience
il se rendit à la vraisemblance de mes raisons.
J'avois remarqué dans l'affaire de mon pere &
dans celle de Patrice, qu'il aimoit la Noblesse-
se, & que si la crainte de faire soupçonner son
zele à la Cour de Londres lui faisoit prêter
facilement l'oreille aux accusations, il cherchoit ensuite à servir ceux qu'il avoit été comme forcé de chagriner. Cependant son autorité n'étant pas suffisante pour décharger un criminel d'Etat, il me renvoya au tribunal à qui
j'avois adressé tant de sollicitations pour Patrice. J'y fus reçu avec une considération qui
augmenta mes espérances, & soit que j'en fusse redevable au souvenir de mes anciennes démarches ou à l'influence secrette du Gouverneur, j'obtins dans l'espace de peu de jours la
liberté de mon client.

Il reçut cette nouvelle avec transport. Ses gens qui avoient ignoré mon voyage, ayant continué de l'entretenir dans son erreur, il marqua une vive impatience de revoir Rose. Partons, me dit-il en m'embrassant, je mourrai de plaisir en me jettant à ses pieds. Je pris ce moment pour l'avertir encore que, loin de trouver ma sœur chez lui, il n'y trouveroit pas même celle qui avoit été enlevée à sa place. Mes protestations ne lui parurent pas plus sérieuses que la première fois. Cependant lorsqu'étant prêt à partir, il vit que je refusois de monter dans sa voiture, & que je me disposois à prendre la route d'Antrim, pour suivre le projet que j'avois formé de visiter ma paroisse & ma famille, je m'apperçus au changement de son visage qu'il commençoit à se défier de la vérité. Ensuite paroissant changer d'opinion, il se figura que je cherchois à me faire un jeu de son embarras, & que j'allois prendre un autre chemin pour arriver plutôt que lui dans ses terres. Cette idée lui rendit sa joie. Je pénetre votre dessein, me dit-il en me quittant. Nous verrons qui de nous deux préviendra l'autre. Il partit là dessus comme un éclair. Je ris de son erreur, & je pris au même instant la route d'Antrim.

Jamais un voyage entrepris par l'amitié n'en fit recueillir des fruits plus amers. Pendant toute ma route je m'entretins des motifs qui me conduisoient. Si les diverses lumieres que j'avois eues sur la situation de Patrice ne me faisoient pas espérer de le trouver tranquille, toujours rassuré du moins par l'opinion que j'avois de son caractere, j'étois sans inquiétude sur le fond de sa conduite. La constance même avec laquelle il étoit demeuré jusqu'a-

lors en Irlande, attaché à sa maison & fidele à
son devoir, me faisoit juger que s'il avoit eu
quelques combats à soutenir, il en étoit sorti
vainqueur; & dans ces sortes de dangers la premiere attaque me paroissant la plus dangereuse,
je ne prévoyois pour moi d'autre peine qu'à
confirmer par mes exhortations & mes conseils
la victoire dont je le croyois redevable à ses
propres forces. Ainsi je me faisois une joie
sensible de le surprendre par mon arrivée ; &
plus je réfléchissois sur les effets que je pouvois
attendre de mon voyage, plus je demeurois persuadé que je n'aurois pu m'en dispenser sans
manquer à mon devoir.

Il étoit nuit lorsque j'arrivai à sa terre. La
porte du château me fut ouverte au premier
coup que je frappai pour me faire entendre, &
je crus m'appercevoir qu'on venoit m'ouvrir
avec un empressement qui m'auroit fait juger
que j'étois attendu, si j'eusse pu croire qu'on se
fût défié de mon approche. Cependant n'étant
point connu des domestiques qui se présente-
rent, j'appris d'eux, sur mes premieres deman-
des, que leur maître étoit absent, & je conçus
par leur réponse qu'en m'entendant frapper
ils s'étoient flattés que c'étoit lui qu'ils alloient
trouver à la porte. Myladi aura bien du chagrin de s'être trompée, disoit le portier à l'un
de ses compagnons, & paroissant si occupés de
cette idée qu'ils m'introduisoient dans la cour
sans marquer pour moi beaucoup d'attention, ils
continuoient de s'entretenir ensemble de l'inquiétude de leur maîtresse. Enfin un autre domestique, que le hazard amena, m'ayant reconnu pour m'avoir vu à Dublin, l'ardeur avec
laquelle il accourut à moi fit ouvrir les yeux à
ceux qui paroissoient me négliger, & sachant

de lui qui j'étois, leur indifférence se changea tout-d'un-coup dans des transports de joie. Le bruit de mon arrivée fut répandu en un moment dans toutes les parties du château, & je me trouvai environné de gens qui me rendirent toutes sortes de respects. Quoiqu'il me restât quelque sujet de peine sur les premiers discours que j'avois entendus, je suspendis la curiosité qui me faisoit souhaiter quelque explication, & je demandai d'être conduit à ma sœur.

Elle venoit d'apprendre que c'étoit moi qui m'étois présenté si tard à sa porte. Je la trouvai au lit ; & je sus d'elle-même que c'étoit une situation qu'elle n'avoit pas quittée depuis huit jours. Ses premieres expressions furent des marques de joie ; mais revenant bientôt à ce qui lui occupoit le cœur & l'esprit, elle me demanda, en s'interrompant elle-même, si j'avois vu Mylord, & si je lui en apportois quelque nouvelle. Je ne fais qu'arriver dans la province, lui dis-je, & je suis venu descendre ici directement sans avoir passé chez moi. Ma réponse parut l'affliger vivement. Elle demeura quelque temps sans ouvrir la bouche, & je remarquai qu'elle laissoit couler quelques larmes.

A peine osai-je la prier de me parler avec ouverture. J'avois trop peu de familiarité avec elle pour prétendre tout-d'un-coup à sa confiance, & ne pouvant encore m'imaginer de quelle nature étoient ses peines, j'appréhendois que ma curiosité n'eût l'air d'une indiscrétion. D'ailleurs toutes les lumieres que j'avois reçues en divers temps se présentant ensemble à mon imagination, je tremblois de mille craintes contre lesquelles je m'étois toujours efforcé de me rassurer. Cette confusion d'idées me fit

prendre le parti de feindre que je ne m'apperce-
vois pas de son trouble , & faisant tomber mes
questions sur mon frere , je m'informai sans affectation si son absence devoit durer long-
temps. Je l'ignore moi-même , répondit-elle
en prenant un regard plus ferme. Je n'ai point
eu de ses nouvelles depuis plus de huit jours.
Il est parti pour Dublin , sous le prétexte de
quelques affaires. Son silence m'inquiete , après
la promesse qu'il m'avoit faite de m'écrire. Huit
jours d'absence , lui dis-je en souriant , ne doivent point vous causer une inquiétude trop vive ; & continuant de lui parler d'un air libre ,
je fis tourner l'entretien sur Rose & sur l'état
de nos affaires de France. L'intérêt qu'elle y
prit l'ayant assez attachée pour faire quelque
diversion à ses peines , j'évitai des ouvertures
qui m'auroient embarrassé dans une première
entrevue.

Cependant je ne fus pas plutôt seul , que ne
pouvant me rendre maître de mes alarmes , je
fis appeller le valet de chambre de Patrice , que
je connoissois pour un homme sage , & qui lui
étoit dévoué depuis long temps. Sans entrer
dans un autre détail que celui qui convenoit à
son caractere , je lui parlai du voyage de son
maître comme d'un contre-temps qui devoit
me chagriner , lorsque l'espérance de le voir
me faisoit dérober quelques jours à mes affaires
les plus pressantes. Je continuai de lui parler
d'un air naturel ; mais il ne m'écouta pas long-
temps sans prendre une contenance si triste ,
qu'elle me donna occasion de lui en demander
la cause. Il parut balancer à me répondre. Ensuite , comme s'il se fût déterminé tout-d'un-
coup , il ferma la porte avec la précaution
d'un homme qui craint d'être entendu , & s'approchant de moi , il me tint ce discours :

Ce n'eſt pas à vous qu'il faut déguiſer les malheurs qui menacent cette maiſon. Le Ciel vous amene peut-être pour les prévenir ; & ſi j'en avois cru mon zele j'aurois pris la plume il y a long-temps pour vous en avertir. Mais je n'ignore point les bornes que le devoir m'impoſe dans ma condition, ſur-tout lorſque mon maître ne s'étant jamais ouvert à moi, je ne ſais ce que j'ai à vous raconter que par mes propres obſervations. Vous avez cru la fortune & le bonheur de Mylord aſſurés par ſon mariage ; mais j'ai prévu dès le jour de ſon engagement qu'un ſi violent ſacrifice n'auroit pas des ſuites heureuſes. Son cœur étoit donné. J'avois connu ſa paſſion dans ſon origine ; & la confiance qu'il m'accordoit ne lui faiſant point encore chercher à me déguiſer ſes ſentimens, j'avois mille preuves que rien ne feroit capable de le détacher de mademoiſelle de L... J'admirois même, en le voyant céder à vos inſtances, qu'il pût ſe flatter de remplir jamais ſon devoir ; car il ne faut pas douter qu'il n'ait fait bien des efforts pour ſe ſoûmettre aux loix qu'il lui impoſoit. A la vérité il m'a caché depuis ce temps-là tout ce qui s'eſt paſſé dans ſon cœur ; mais voici ce que le hazard & mon zele m'ont fait découvrir malgré lui.

Après votre départ pour la France, ſa maladie, qui devint beaucoup plus dangereuſe, l'ayant retenu long-temps à Dublin, je m'apperçus un jour que tout le temps qu'il pouvoit dérober à la connoiſſance de Myladi étoit employé à écrire. Je devinai aiſément le ſujet de ſes lettres. Mais il m'offrit lui-même l'occaſion de m'en aſſurer. La néceſſité l'obligeant de me les remettre pour les faire partir, il me conſeſ-fa en baiſſant les yeux, que l'une étoit pour ma-

demoifelle de L... & l'autre pour monfieur des
Peffes , & il me laiffa le foin de les cacheter.
Ma compaffion pour fes peines , plus forte
peut-être que mon devoir , me porta auffi-tôt
à les lire. Je fus touché jufqu'aux pleurs des
expreffions d'un cœur inconfolable ; & ne
voyant point de quelle utilité il pouvoit être
pour fon repos & pour celui de mademoifelle
de L...... de lier un commerce de douleur &
de larmes , je réfolus , après m'être confulté
long-temps , de couper cette nouvelle liaifon
dans fa fource. Je brûlai les lettres. Elles étoient
adreffées aux gens de M. des Peffes à Paris. Les
connoiffant , je leur écrivis moi-même pour
leur demander des nouvelles de leur maître ,
dont je voulois être en état de fuivre toutes
les démarches.

Je ne fais fur quelle efpérance Mylord parut devenir plus tranquille. Les careffes & les
attentions continuelles de Myladi eurent peut-
être la force d'amollir fon cœur , à moins que
l'attente d'une réponfe de mademoifelle de
L..... & la confolation qu'il avoit trouvée à lui
écrire, n'euffent un peu fufpendu fes agitations;
car je ne remarquois point que la tendreffe con-
jugale eût pris le moindre afcendant , ni que
fes foins pour Myladi en fuffent plus empref-
fés. Il n'aimoit que la folitude. Il fe plaignoit
amérement lorfqu'il étoit interrompu. Myladi
même n'approchoit de fa chambre qu'en tremblant; & quoiqu'elle fût fi fenfible à fes moindres politeffes , qu'il fe répandoit toujours quelque chofe de fa fatisfaction fur fon vifage , il
paroiffoit bien à fes inégalités qu'elle n'étoit
pas également fatisfaite dans tous les moments
du jour. Nous quittâmes Dublin environ trois
femaines après votre départ. Le féjour de cet-

te province ne changea rien à la conduite ni aux difpofitions de Mylord.

Cependant, comme il n'étoit rien arrivé depuis l'aventure des lettres qui m'eût fait porter mes obfervations plus loin que les apparences , j'efpérois que le temps diffiperoit à la fin ces premiers nuages. Un refte de maladie fembloit couvrir encore fes froideurs pour fa femme ; & c'étoit une chofe affez connue dans la maifon , qu'il s'étoit difpenfé fous ce prétexte de coucher jufqu'alors avec elle. Mais fes forces fe rétabliffant de jour en jour , il me paroiffoit impoffible qu'à fon âge il demeurât long-temps fidele à une fi étrange réfolution. Les Médecins lui confeillerent l'ufage de la chaffe , & je ne fais fi le deffein de fe délivrer de la préfence de Myladi n'eut pas autant de part que fa fanté à la foumiffion qu'il eut pour leurs ordres. Du matin au foir il étoit à cheval. Je fus d'abord furpris de lui voir une paffion que je ne lui avois jamais connue. Mais je n'y fus pas trompé long-temps. Tandis que fes gens étoient à la fuite du cerf , il s'enfonçoit feul dans les routes les plus épaiffes de la forêt , & c'étoit toujours avec quelques marques de chagrin qu'il fe voyoit découvert par ceux que l'inquiétude faifoit marcher fur fes traces. Myladi prit du goût pour le même exercice. Il parut clair à tout le monde que c'étoit par le feul défir de le fuivre & de paffer le jour avec lui. Alors il devint plus ardent que les piqueurs à courir fur les traces des bêtes les plus farouches , & à les forcer dans des lieux inacceffibles où la délicateffe de fa femme ne lui permettoit pas de l'accompagner. J'admirois tous ces caprices.

Un jour néanmoins que la fatigue ou le goût

de la solitude lui avoit fait quitter son cheval
pour se reposer à l'ombre, Myladi, qui le cherchoit peut-être avec bien plus d'empressement
qu'il n'en avoit pour un exercice dont il vouloit nous persuader qu'il faisoit toutes ses délices, le joignit au moment qu'il sembloit le
moins s'y attendre. J'étois avec lui, & le respect m'ayant porté à m'éloigner de quelques
pas, j'observai aisément que dans la premiere
surprise il parut quelque temps embarrassé. Elle
s'assit auprès de lui. Sa ressource fut de se plaindre de ses incommodités, dont il ne recevoit
aucun soulagement par tous les remedes, & de
railler avec un souris forcé l'opinion de ses
Médecins, qui lui avoient prescrit un régime
assez propre à le fatiguer, mais incapable de le
guérir. Myladi en prit occasion de s'emporter contre la chasse, & lui conseilla de l'abandonner. Elle joignit à ce conseil mille tendres
marques d'inquiétude & d'affection. J'entendis
ses réponses, qui furent douces & polies. Elle
prit sa main. Il ne la retira pas; mais je remarquai qu'il rougissoit, comme si cette liberté
eût alarmé sa modestie. Cependant leur entretien ayant continué sur le même ton, je
n'ai jamais douté que son cœur ne se fût laissé surprendre par quelque mouvement de tendresse; car il porta la main de sa femme à sa
bouche, & la baisa plusieurs fois d'un air passionné. Pour elle, que des caresses si simples
pénétrerent aussi-tôt jusqu'au fond du cœur,
son attendrissement s'expliquoit d'une maniere
moins équivoque. Elle reprit à son tour la
main de Mylord, & la tenant sur l'herbe où
elle avoit la tête panchée, elle tint long temps
ses levres appliquées dessus, avec un silence
plus touchant que toutes les expressions. Mais

quelques piqueurs qui arriverent à la file interrompirent des commencements si heureux.

Quoique tous mes soins ne me fissent pas
remarquer les jours suivants que cette scene
eût produit les effets que je m'en étois promis, je me persuadai plus que jamais qu'il ne
manquoit au bonheur de mon maître que d'ef-
facer des idées importunes, qui ne pouvoient
laisser de repos à son cœur tant qu'elles sub-
sisteroient dans sa mémoire. Je formai le dessein de lui faire oublier entiérement mademoiselle de L...; & le seul moyen qui me parut infaillible, fut de lui persuader qu'elle étoit morte
ou mariée. Je m'arrêtai au second de ces deux
partis, parce qu'il étoit le plus vraisemblable.
Mylord qui étoit dans l'impatience de recevoir
les réponses qu'il attendoit, n'envoyoit souvent à Londonderri, où il avoit marqué qu'elles
devoient être adressées. En ayant reçu une moi-
même d'un des gens de M. des Pesses, qui
m'assuroit que son maître étoit encore en Allemagne, je feignis d'avoir reçu avis de son
retour & du mariage de mademoiselle de L...
Cette imprudence, qui étoit pardonnable à
mon intention, m'a coûté probablement ma
fortune; mais son effet le plus terrible fut de
jetter Mylord dans un désespoir que chaque
jour ne fit qu'augmenter. Il eut néanmoins la
force de garder encore un reste de modération jusqu'au jour marqué pour ma perte, &
peut-être pour la sienne.

Nous étions à la chasse, Myladi s'y trouvoit aussi, & le cerf nous ayant menés vers
Londonderri, nous approchions du grand chemin pour le traverser, lorsque mon maître crut
reconnoître un Chevalier qui s'avançoit avec
un laquais de sa suite. Il s'arrêta pour l'ob-

ferver. Je remarquai auffi-tôt que lui que c'é-
toit M. des Peffes. J'augurai mal de cette
rencontre ; mais de quoi étois-je capable pour
en prévenir les effets? Mylord étoit déjà fufpendu au cou de fon ami , & fans écouter la
bienféance, qui l'obligeoit peut-être de ne pas
laiffer Myladi feule au milieu du chemin , il
fut pendant plus d'une heure à l'écart avec lui.
Je n'appris que le foir , du laquais de M. des
Peffes , le fujet de cette importante converfa-
tion. Ils revenoient d'Allemagne , & n'ayant
pu deviner que Mylord étoit marié, ils s'é-
toient fait une joie de prendre leur chemin
par l'Irlande, pour lui apprendre que M. de
L.... étoit mort , & que fa fille , toujours remplie de la même tendreffe , étoit allée lui porter à Paris fon héritage & fa main. Il eut la
conftance de laiffer à fon ami tout le temps de
s'expliquer , & celle même de lire une lettre
de fa maîtreffe, avant que de laiffer échapper
une plainte ni un foupir. Mais avec quelle violence fe livra-t-il auffi-tôt à la p'us mortelle
douleur ! Il defcendit de fon cheval d'un air
défefpéré , & s'étant affis à terre, il y demeura
long-temps , fans prêter même l'oreille à M.
des Peffes. Je me hâtai d'aller à lui. Mon artifice , qu'il n'eut pas de peine à comprendre ,
& que ma préfence lui fit rappeller, l'enflam-
ma d'une fi vive colere, qu'il me défendit de
paroître jamais devant fes yeux. Myladi , qui
s'approcha au même moment , ne fut pas mieux
écoutée ; & furprife, comme tous fes gens, de
le voir dans un tranfport dont il ne revenoit
point, le filence & l'étonnement de tous les
fpectateurs forma une fcene auffi difficile à fe
repréfenter qu'à décrire.

Cependant M. des Peffes me reconnut ; &

m'ayant demandé secretement quelque explication, il apprit de moi en peu de mots la cause
de tant de trouble. Il gémit de son imprudence : les remedes étoient difficiles. Mais em-
ployant tout son esprit à réparer le mal qu'il
avoit causé, il s'approcha de l'oreille de mon
maître, pour le conjurer de lui pardonner une
erreur où l'ardeur d'une aveugle amitié l'avoit
précipité, & de ne pas redoubler le mortel
chagrin qu'il en ressentoit, en la faisant éclater. Il le força ensuite de remonter à cheval,
& se présentant de bonne grace à Myladi, il
s'efforça de donner une couleur au motif qui
l'amenoit en Irlande, & au désordre que son
arrivée venoit de causer à Mylord.

J'ignore quelle idée elle s'en forma dans le
premier moment ; mais après quelques marques d'inquiétude, auxquelles mon maître parut peu sensible, elle prit une contenance plus
tranquille. Peut-être étoit-il temps encore de
prévenir ses soupçons avec un peu de prudence & de ménagement. Pendant trois jours que
M. des Pesses passa avec Mylord, il n'épargna
rien pour le faire entrer dans des vues si raisonnables ; mais il ne put lui faire goûter ses conseils. Un silence obstiné, des soupirs conti-
nuels, un air de distraction & de fureur qui a
répandu la tristesse & la crainte dans toute la
maison, telle a été depuis ce jour fatal la disposition habituelle de mon malheureux maître.
Myladi, qui se présenta plusieurs fois le même jour à la porte de son appartement, ne put
obtenir la liberté d'y entrer, & s'il a consenti
dans la suite à l'y recevoir, c'a toujours été
avec des politesses si forcées, qu'elle n'en est
jamais sortie sans verser un ruisseau de larmes.
Pour moi, qui tremblois de paroître devant
lui

lui après sa défense, je n'ai pas laissé de m'exposer à lui rendre mes services ordinaires ; il
les a reçus, sans faire semblant de se souvenir
de ses ordres, mais j'ai eu mille raisons de juger
que je suis tout-à-fait perdu dans son esprit.

Myladi, qui ne pouvoit attribuer un changement si terrible qu'à l'arrivée de M. des
Pesses, laissa voir si ouvertement que la présence de cet inconnu la chagrinoit, qu'il prit
le parti de se retirer. Il vit mon maître avant
son départ ; mais soit qu'il en ait reçu quelque
reproche qui lui ait fait perdre ses sentiments,
soit qu'il ait appréhendé de redoubler ses peines
en lui écrivant, nous n'avons reçu aucune
marque de son souvenir depuis qu'il est retourné en France.

Nous pouvions nous flatter néanmoins que
nos malheurs n'étoient pas à leur comble, aussi
long-temps que Myladi, qui paroissoit encore
ignorer les siens, employa tous ses soins à remettre le calme & la tranquillité dans la maison. Si la situation de son mari étoit pour elle
un cruel tourment, elle renfermoit encore toutes ses peines dans son cœur, & nous ne nous
en appercevions qu'à ses larmes. Mais comme
il s'observoit trop peu pour déguiser plus long-
temps la maladie du sien, elle ne se procura que
trop aisément des lumieres qu'elle auroit mieux
fait d'éviter pendant toute sa vie. Ses soupçons
furent changés en certitude par la malheureuse
curiosité qu'elle eut de lire la lettre de mademoiselle de L.... Elle voyoit souvent cette piece
fatale entre les mains de son mari. Il la laissoit
ouverte sur sa table sans aucune précaution.
Rien n'étant si facile que de l'enlever dans mille
moments du jour, elle se la fit apporter, & s'é-
tant enivrée du mortel poison qui étoit con-

III. Partie. F

tenu dans chaque mot, le premier mouvement
de fa vengeance fut de la déchirer. Heureufe
fi du même coup elle eût arraché de fon cœur
le trait qu'elle venoit d'y enfoncer. Mais les apparences nous ont trop appris que cette lecture
lui fut auffi funefte qu'à Mylord. Dès le premier jour elle fe renferma dans fon appartement, où elle n'admit plus perfonne. A peine
fes femmes ofoient-elles s'en approcher pour la
fervir. Elle paffoit des jours entiers fans nourriture ; elle pleuroit fans ceffe. Ainfi le défefpoir paroiffoit avoir trouvé deux proies au lieu
d'une. Ils étoient chacun de leur côté dans une
efpece de tombeau, d'où ils ne prenoient plus
de part à ce qui fe faifoit au dehors, fans marquer aucun défir de fe parler ni de fe voir, s'in-
formant à peine de leur fituation mutuelle ou
de ce qui les occupoit dans leur folitude. Mylord qui chercha inutilement fa lettre, ne put
ignorer dans les mains de qui elle étoit tom-
bée, & il n'ofa témoigner trop de chagrin de
l'avoir perdue ; je remarquai qu'il n'étoit pas
fans inquiétude fur les effets qu'elle pouvoit
produire.

M. Dilnick vint un jour au château, il
avoit affez de familiarité pour entrer fans précautions. Etant entré d'abord chez Myladi,
fon étonnement dut être extrême de la trouver
dans un abattement dont perfonne ne put lui
expliquer la caufe. Il interrogea en vain tous
les domeftiques. Ceux qui lui apprirent l'aventure de la lettre n'y purent ajouter d'autre éclairciffement. Pour moi, qui étois feul capable de
l'inftruire, je feignis de ne l'être pas plus qu'un
autre ; & me réjouiffant même que Myladi
eût affez de force d'efprit pour ne mettre perfonne dans fa confidence, j'augurai bien de cet-

re modération. Cependant lorsqu'ayant vu Mylord, il l'eut trouvé aussi dans un désordre qui n'étoit pas plus facile à pénétrer, il forma sans doute ses conjectures sur de si étranges apparences. Je n'ai pas su par quels degrés il est parvenu à des soupçons qui ont choqué mon maître. M. Dilnick est brusque. Quelques plaintes échappées peut-être à Myladi, ou ses larmes seules, le porterent à se figurer qu'elle avoit été maltraitée. Il s'en expliqua avec peu de ménagement. J'étois présent. Mylord piqué de se voir accusé d'un excès si indigne de lui, le prit sur un ton qui lui attira des reproches encore plus durs. Ils sauterent sur leurs épées, & tout mon zele ne put empêcher que M. Dilnick, qui reçut d'abord un coup au bras, n'en allongeât un au même moment, qui blessa mon maître à la cuisse.

A peine les eus-je séparés, que M. Dilnick, confus sans doute de son emportement, se retira sans ouvrir la bouche & sortit sur le champ du château. Mylord n'étoit pas blessé si dangereusement qu'il eût besoin d'un autre secours que le mien. Cette querelle n'ayant été entendue de personne, il m'ordonna de garder le silence, & dans peu de jours sa plaie fut rétablie.

C'est néanmoins à cette funeste blessure que j'attribue ses plus mortelles agitations, & peut-être son départ, qui nous met ici dans l'inquiétude depuis plusieurs jours. Il me convient mal d'approfondir ses sentiments avec tant de liberté; mais si vous pardonnez quelque chose à mon attachement, je ne vous cacherai point ce que j'ai cru lire plusieurs fois sur son visage & dans ses yeux. Je n'y avois remarqué jusqu'alors que de la douleur & du désespoir, & j'y ai vu

depuis de l'indignation & de la fureur. Il s'eſt
perſuadé, j'en ſuis ſûr, que Myladi avoit porté ſes plaintes à monſieur Dilnick, & que c'eſt
à ſa ſollicitation qu'il eſt venu le quereller dans
ſa chambre. Le devoir avoit combattu juſqu'à
ce moment dans ſon cœur ; car à quoi voudriez-vous attribuer le déſordre continuel de
ſon eſprit & de ſa ſanté ? Mais j'appréhende que
la conſidération qu'il ne pouvoit refuſer à une
femme aimable, dont il ſe voyoit adoré, ne ſe
ſoit affoiblie par cette malheureuſe perſuaſion.
Il eſt vrai du moins que loin de paroître abattu
& languiſſant, comme il n'avoit pas ceſſé juſqu'alors, loin d'exhaler ſes chagrins en larmes
& en ſoupirs, il ne marqua plus le trouble de
ſon cœur que par des agitations violentes. Il
ceſſa tout-à-fait de s'informer de la ſanté de Myladi. Il ſortit de ſon appartement
pour ſe promener au jardin. Il y marchoit à
grands pas pendant des heures entieres, & la
nuit l'y ſurprenoit ſouvent ſans qu'il parût s'en
appercevoir. Ce fut dans ce temps-là qu'il reçut
par la voie de France une lettre qui augmenta encore la violence de ſes mouvements. Il
ſe hâta de faire partir la réponſe, mais je ne
fus pas choiſi pour la porter à la poſte. Je
lui trouvois l'air d'un homme qui veut ſe
mettre au-deſſus de ſes peines par la force d'u-
ne réſolution furieuſe, &, ſi je l'oſe dire, par
le mépris qu'il en fait. Myladi, qui avoit peut-
être trouvé quelque conſolation dans les reſtes
de complaiſance avec leſquels il lui faiſoit demander quelquefois de ſes nouvelles, ne ſe vit
pas plutôt privée de cette douceur, que ſes chagrins parurent en augmenter. Il fallut ſe ſou-
mettre néanmoins à toute la rigueur de ſon
ſort, & faire céder la fierté & le dépit à la ten-

dreſſe ; ſans quitter d'abord ſon appartement ,
elle lui fit dire elle-même qu'elle commençoit
à ſe trouver mieux , & qu'elle pouvoit le recevoir. Il choiſit le temps où ſes femmes étoient
occupées à l'habiller , & ſa viſite fut courte.
Dès le même jour il reprit l'exercice de la
chaſſe , & n'en revenant que fort tard , il évita
la néceſſité de reparoître. Je remarquai la même affectation les jours ſuivants. Myladi reprenant peut-être quelque eſpérance ſur le
changement de ſes occupations , ou ne pouvant vivre ſans le voir , trompa ſon attente en
veillant comſtamment juſqu'à ſon retour. Il ſe
trouvoit ainſi comme forcé de l'entretenir quelques moments ; mais le prétexte d'infirmité ou
de fatigue ne lui manquoit jamais pour ſe
délivrer bientôt de cette contrainte.

Enfin une lettre qu'il reçut il y a huit jours ,
lui fit prendre auſſi-tôt la réſolution de monter
à cheval. Je me flattois encore qu'il me nom-
meroit pour le ſuivre. Il m'a trop marqué, par
le choix qu'il a fait d'un autre, que j'ai perdu
pour jamais ſa confiance. Son départ s'eſt fait
avec tant de précipitation , qu'à peine s'eſt il
donné le temps de prendre congé de Myladi.
Je doute qu'il l'ait informée des motifs & de la
durée de ſon voyage , car elle a fondu en pleurs
au moment qu'il eſt parti , & ſon inquiétude a
paru augmenter tous les jours. Elle s'eſt trouvée ſi mal depuis ſon abſence , qu'elle n'a pas
quitté un moment le lit ; ce qui ne lui eſt pas
arrivé dans le temps même que la lettre de
mademoiſelle de L... lui a cauſé tant d'affliction.
Ce ſoir , au premier bruit que vous avez fait
entendre à la porte , tout le monde s'eſt figuré
que c'étoit Mylord , & l'on s'eſt empreſſé de
porter cette nouvelle à Myladi. Mais ſi elle

a reçu de la confolation de vous voir, vous avez pu remarquer qu'elle n'en porte pas moins au fond du cœur la fource perpétuelle de fes maux.

Auffi frappé de ce récit que fi je ne me fuffe pas attendu à une partie des malheurs que j'apprenois, je me fis expliquer de nouveau plufieurs circonftances qui m'avoient paru obfcures, & fur-tout celles du combat de Patrice & de Dilnick. J'avois peine à concevoir que, fur de fimples apparences, Dilnick, que je connoiffois plein de feu, mais honnête & fenfé, fe fût oublié jufqu'a fe couper la gorge avec un ami; & penchant à croire que ma belle-fœur lui avoit fait quelqu'ouverture indifcrette, j'étois fâché qu'elle eût donné cette efpece d'avantage fur elle à Patrice. La réflexion du valet de chambre étoit jufte : un cœur qui combat pour fon devoir & qui fouffre mortellement de cette violence, ne faifit quelquefois que trop avidement tout ce qui lui paroît propre à juftifier fes foibleffes. J'étois bien éloigné néanmoins d'attribuer l'abfence de mon frere à cette caufe; & m'étant informé s'il avoit fait des préparatifs pour un voyage de longue durée, je m'imaginai, en apprenant qu'il étoit parti fans aucunes précautions, que fa vue étoit d'adoucir fes chagrins par une diffipation de quelques jours. Mais je croyois prévoir que s'il étoit irrité contre fa femme, j'aurois moins de facilité à lui faire goûter ce que je voulois entreprendre pour fa confolation. Etes-vous bien fûr, dis-je encore à fon valet, qu'il n'ait jamais paffé la nuit avec Myladi? Il répondit à cette demande par des détails qui ne pouvoient me laiffer aucun doute; & pour ce qui touchoit Dilnick, il me répéta les raifons qu'il avoit

de croire que son emportement n'étoit venu
que de ses propres soupçons.

Je louai le zele qui l'attachoit aux intérêts
de son maître, & je m'engageai à le rétablir
dans son esprit. Une nuit où la fatigue du voyage m'avoit rendu le repos nécessaire, fut pour
moi le plus cruel de tous les supplices. J'essuyai
dans une continuelle insomnie tout ce que la
crainte & la douleur ont de plus accablant.
C'étoit sur ma belle - sœur que tomboient toutes mes réflexions. Je ne voyois que trop qu'a-
vec quelque douceur & quelque prudence que
je pusse lui parler de ses peines, ou recevoir
l'ouverture qu'elle m'en feroit volontairement,
j'allois m'engager dans un abyme de soins &
d'inquiétudes. Il falloit m'attendre qu'elle me
remettroit tous les intérêts de son repos ; qu'elle m'interrogeroit sur les amours de mon frere ; qu'elle me reprocheroit de les lui avoir
laissé ignorer ; qu'elle m'accableroit de ses plaintes & de ses larmes ; enfin qu'elle me commu-
niqueroit toute l'amertume & tout le trouble
de ses sentiments. Je balançai si, sous prétexte
de me procurer des nouvelles de son mari, je
ne ferois pas mieux de partir dès le jour suivant. Mais je rejettai aussi-tôt cette pensée. Il
n'y avoit qu'une insensibilité cruelle qui pût
me rendre capable de l'abandonner dans une si
triste situation. Je devois regarder plutôt mon
arrivée comme une disposition du Ciel qui vouloit me rendre utile à sa consolation, & me
dévouer à un office de charité dont la Religion & la tendresse naturelle me faisoient une
loi presqu'égale. Rose pouvoit se passer de mes
soins. Elle étoit du moins dans une tranquillité qui ne les rendoit pas pressants. Enfin je
me déterminai à descendre dans l'appartement

de ma belle-sœur, aussi-tôt qu'elle voudroit m'y recevoir, & à prévenir ses ouvertures de cœur par les miennes.

Je me levois dans ce dessein, & je méditois en m'habillant quel tour je devois donner à mes premieres expressions, lorsqu'on m'avertit que Dilnick demandoit à me voir. Sa demeure étant dans le voisinage, il avoit su mon arrivée dès le premier moment. Je ne pouvois refuser sa visite. Il m'embrassa avec beaucoup de tendresse, & sans me demander si j'étois instruit de ce qui s'étoit passé au château, il me pria de l'écouter. Le récit des froideurs de mon frere pour sa niece, & l'histoire de son premier démêlé l'arrêta long-temps. Il me parla de son combat avec beaucoup de douleur & de confusion. J'avoue, me dit-il, que cet emportement n'étoit pas pardonnable à mon âge ; mais un mouvement de colere obscurcit quelquefois la raison. D'ailleurs vous allez voir si c'est sans fondement que je soupçonne votre frere de manquer de bonne foi.

Il me raconta là-dessus que s'étant hâté d'écrire en Danemarck après le mariage de sa niece, pour en donner la premiere nouvelle à Fincer, il n'avoit pas été long-temps sans en recevoir une réponse qui lui avoit causé autant d'étonnement que de douleur. Dans plusieurs voyages que Fincer avoit faits à Hambourg, il avoit lié connoissance avec M. de L....., qui s'y étoit retiré avec sa fille. Madame Gerald, gouvernante de cette jeune personne, étant Irlandoise, il avoit suivi le penchant qu'on a pour les gens de sa nation, & se trouvant assez familier avec elle pour lui demander ce qui pouvoit inspirer tant d'aversion à mademoiselle de L... pour les mariages que son pere lui proposoit, il

avoit apris toute l'histoire des premieres amours
de Patrice. Madame Gerald, qui prétendoit se
faire honneur de son zele pour un Gentilhomme
de son pays, n'avoit oublié aucune circons-
tance de cette intrigue. Elle avoit parlé de son
mariage comme d'un engagement certain, dont
l'exécution n'étoit différée que par les caprices du pere ; & M. de L.... étant mort en
effet peu de jours après, elle ne lui avoit caché
ni l'arrivée de des Pesses, ni le départ de son
éleve qui se rendoit à Paris pour rejoindre mon
frere. Fincer, sans s'ouvrir sur tout ce qu'il
entendoit, avoit observé seulement qu'il savoit que Patrice étoit en Irlande, & qu'il le
croyoit même disposé à s'y fixer. Mais, dans
les idées où étoit madame Gerald, elle n'a-
voit pas manqué de répondre que son éleve
& elle n'ignoroient pas qu'il avoit passé la mer,
& que ses affaires l'avoient retenu quelque
temps dans sa famille ; qu'il se rendroit à Paris
aussi-tôt qu'elle ; qu'il leur avoit dépêché le meilleur de ses amis pour les assurer de la constance de ses sentiments, & de l'impatience qu'il
avoit de les revoir : enfin confondant ainsi les
circonstances, & n'expliquant pas de quel lieu
des Pesses étoit parti, elle avoit fait naître im-
prudemment dans l'esprit de Fincer la plus in-
jurieuse de toutes les défiances : il s'étoit figuré
que Patrice, dont on lui faisoit entendre que le
mariage étoit si certain à Paris, n'avoit pu
épouser sa fille que pour lui ravir l'honneur par
une infame trahison, & peut-être pour s'em-
parer de son bien. Ces exemples n'étoient pas
rares d'un Royaume à l'autre ; & quoiqu'un
homme de la naissance de mon frere méritât
bien de n'être pas soupçonné légérement d'une
si horrible bassesse, la prévention d'un pere

F 5

tremblant pour fa fille , le difpenfoit d'approfondir la caufe de fes craintes avant que de s'y
livrer.

Il avoit donc fait à Dilnick une réponfe
conforme à fes idées. Cette lettre odieufe que
Dilnick me preffa de lire après fon récit , finiffoit par des confeils qui n'étoient pas moins
injurieux pour Patrice. Obfervez fa conduite ,
difoit Fincer , étudiez fes liaifons , & voyez
quelles manieres il prendra avec fa femme.
Oppofez-vous à tout ce qu'il pourroit entreprendre pour changer la nature de fon bien.
Enfin fes exhortations fuppofoient un malheur
certain , qu'il parloit moins de prévenir que de
réparer par beaucoup de vigilance & de foin.

Je vous laiffe le juge , reprit Dilnick , des
inquiétudes & des agitations que cette lettre
m'a dû caufer. Je ne l'ai pas communiquée à
ma niece ; mais ouvrant les yeux fur quantité
de circonftances que j'avois laiffé paffer fans réflexion , je ne m'apperçus que trop aifémenu
qu'il avoit toujours manqué quelque chofe à
fa tranquillité. J'appris dans le même temps
qu'il étoit arrivé un étranger , avec lequel votre frere avoit eu des communications fort myf-
térieufes ; il me parut clair que c'étoit le meffager qu'il avoit chargé de fes affaires à Hambourg. On m'informa bientôt de fon départ ,
& du défordre que fon abfence avoit produit
dans cette maifon. Je vis auffi-tôt ma niece.
Je la trouvai noyée dans fes pleurs ; & n'ayant
pu l'engager à m'en découvrir la caufe , j'a-
voue que dans les fâcheufes imaginations dont
j'étois rempli , il m'échappa avec votre frere
quelques expreffions affez dures pour juftifier
la chaleur avec laquelle il me répondit. Nous
ne nous fommes pas vus depuis ce funefte jour ;

mais étant parti pour Dublin, où je ne sais quelles affaires peuvent l'avoir appellé, son absence m'a laissé la liberté de voir ma niece. J'ai été surpris de lui trouver toutes les marques d'un profond désespoir, & je le suis encore plus de ne pouvoir pénétrer ce qui l'afflige à cet excès.

Il me témoigna là-dessus qu'il regardoit mon retour comme une heureuse disposition du Ciel, qui vouloit me faire servir sans doute à rétablir le bonheur & la paix dans nos deux familles ; & m'assurant d'une confiance sans réserve, il me remit le ménagement de tant de difficultés qui surpassoient, me dit-il, sa prudence & ses lumieres.

J'étois déjà disposé à prendre ce soin volontairement, & tout ce que je venois d'entendre ne le rendoit pas plus difficile. La lettre de Hambourg portant sur de fausses suppositions, il me fut aisé de guérir Dilnick de cette partie de ses défiances ; mais la sincérité m'obligeoit de lui confesser ce qu'il y avoit de réel entre les idées chimériques de Fincer. Je lui appris en peu de mots l'attachement que mon frere avoit eu pour mademoiselle de L... & les obstacles qui avoient dû lui faire perdre l'espérance de l'épouser ; que ce jeune homme se flattant toujours dans ses désirs, n'avoit pas laissé de suivre cette intrigue jusqu'à son départ de France ; mais je ne crûs pas trop prendre sur moi après cet aveu, en répondant pour lui qu'il s'étoit attaché sincérement à son épouse, & que malgré quelques restes d'ancienne foiblesse, il étoit incapable d'oublier son devoir. Les accusations de Fincer, ajoutai je, sont autant d'outrages ; & quand vous rendrez justice au caractere de Patrice, vous ne le soupçonnerez pas d'une

F 6

lâcheté qui ne peut tomber que dans l'efprit
d'un fcélérat.

Dilnick convint qu'il avoit eu peine à le
croire auffi coupable que Fincer le fuppofoit,
& tirant de mon difcours même une conclufion
fort jufte, il me dit naturellement qu'il s'imaginoit la vérité. Votre frere, continua-t-il, avoit
le cœur rempli d'une grande paffion ; l'intérêt a
eu plus de part à fon mariage que fon goût
pour ma niece, & je me figure en fa faveur qu'il
combat peut-être une ancienne inclination
dont il n'a pas eu le temps de fe délivrer. Cette fuppofition, ajouta-t-il, expliqueroit fort
bien fa trifteffe continuelle. Loin de m'infpirer
pour lui du mépris ou de la haine, elle me feroit prendre une haute idée d'un caractere fi
honnête & fi fenfible, & je ne douterois pas
qu'un peu d'efpace accordé aux agitations de
fon cœur, ne nous le rendît bientôt tel que
ma niece a droit de le fouhaiter.

J'embraffai Dilnick, dans la joie que j'eus
de le voir revenir à des fentiments fi raifonna-
bles. Oui, lui dis-je, ne doutez pas que cette
peinture de mon frere ne le repréfente fidelle-
ment. C'eft ce que je cherchois à vous faire
entendre. Je reconnus moi-même l'embarras
de fa fituation avant mon départ, & je ne l'aurois pas abandonné à fes peines, fi des raifons
invincibles ne m'euffent forcé de faire le voyage de France. Mais je ne quitterai point l'Irlande fans avoir guéri parfaitement fon cœur
& fon efprit. Uniffons-nous, ajoutai-je, dans
une entreprife dont le fuccès eft infaillible. En
effet, j'étois fi perfuadé que Patrice n'avoit befoin que d'être fortifié par quelques vives exhortations, que j'aurois donné ma vie pour
caution de fa vertu & de fon honneur. Je chan-

geai sur le champ la résolution où j'étois d'entretenir ma belle-sœur du sujet de ses larmes, & je priai Dilnick de ne laisser rien échapper qui pût lui faire soupçonner que nous en eussions pénétré la cause. Des plaies ouvertes, lui dis-je, sont toujours plus faciles à fermer. Attendons le retour de mon frere ; employons tous nos soins pour préparer votre niece au changement que je vous promets, & comptez que la paix succédera bientôt à toutes vos alarmes.

Quels mortels chagrins ne me préparois-je point par cette confiance ! Il se passa quelques jours, que nous employâmes effectivement à consoler ma belle-sœur. L'absence de Patrice ne m'ayant pas fait naître d'autre idée que celle d'un voyage entrepris pour dissiper ses peines, j'étois de ce côté-là sans inquiétude. On m'apporta une lettre qui m'avoit été adressée à Killerine. Je reconnois la main de Mylord Linch, dont j'avois vu quantité d'écrits dans le cours de ses affaires. Il me marquoit en deux mots, qu'après des obligations si récentes il n'étoit pas capable d'oublier quels droits j'avois acquis sur sa reconnoissance ; mais qu'il venoit de m'en donner une preuve dont je devois lui tenir compte : que sans un nœud si puissant il se seroit ressenti de l'insulte qu'il avoit reçue de Patrice, & qu'il m'exhortoit à lui inspirer plus de justice & de modération, si je voulois prévenir des extrêmités qui seroient bientôt inévitables.

J'étois avec Dilnick lorsque je reçus ce funeste avis. Mes alarmes furent trop vives pour les cacher entiérement. La crainte de quelque nouvelle violence que Linch paroissoit m'annoncer par ses menaces, fit bien moins d'im-

preſſion ſur moi que la connoiſſance du lieu
où je ne voyois que trop qu'il falloit chercher
Patrice. O Dieu ! m'écriai-je , vous ouvrez
donc l'abyme ſous les pas de ceux qui s'efforcent de l'éviter ! Cependant ayant conçu au
même moment que je ne devois ni cacher tout-
à-fait la cauſe de mon trouble à Dilnick, ni
lui découvrir toutes mes craintes , je réſolus
de lui en révéler une partie, qui pouvoit même
ſervir à lui déguiſer l'autre. J'apprends , lui dis-
je , où eſt mon frere, & les circonſtances qui
accompagnent cette nouvelle me cauſent une
juſte frayeur. Je continuai de lui raconter nos
anciens démêlés avec Mylord Linch ; & ne
doutant pas moi-même que ce qu'il m'écrivoit
n'en fût une ſuite , j'expliquai ſa lettre dans
le ſens qui s'accordoit avec cette idée. Un mal
ſi preſſant , ajoutai-je , demande un prompt re-
mede. Je pars pour Dublin. Ce diſcours ambi-
gu eut l'effet que je m'étois promis. Dilnick ,
s'arrêtant aux apparences , ſe figura que c'étoit
à Dublin que Patrice avoit pris querelle avec
Linch, & n'ayant pas porté ſes queſtions plus
loin, il me propoſa avec ardeur de partir ſur le
champ lui-même pour l'aller ſecourir. Non ,
répondis-je; ma profeſſion me rend plus propre
que vous à réprimer la colere & la haine. Je
partirai ſeul ; mais chargez-vous du ſoin de prévenir votre niece , & de donner une couleur
à mon abſence. Je compte ſur le ſuccès de mon
voyage , ajoutai-je ; Linch eſt arrêté par des
raiſons qui lui feront ſuſpendre ſon reſſentiment.
Vous me verrez dans peu de jours avec mon
frere. Il m'aſſura que je devois être tranquille
pour ma belle-ſœur, parce que, tendre & paſ-
ſionnée comme elle étoit toujours , il ſuffiroit,
pour lui rendre la vie, de lui apprendre que j'a-

vois reçu des nouvelles de son mari, & que
j'allois le joindre à Dublin pour le ramener
inceffamment auprès d'elle.

Je retournai ainfi fur mes pas. Ma diligence
égalant ma frayeur, je ne pris pas plus de repos
la nuit que le jour, & mes chevaux furent fi
peu ménagés qu'ils me manquèrent fur la route.
Cet incident fut une difgrace irréparable. L'embarras où je fus pendant deux jours pour m'en
procurer d'autres, donna le temps à deux paf-
fions aveugles de fe porter aux derniers excès,
& la perte de vingt-quatre heures devint un
coup décifif pour mille précieux intérêts. Mais
eft-ce à de foibles hommes qu'il appartient de
raifonner fur les difpofitions impénétrables de
la Providence ? J'arrivai au château d'Anglefey.
L'air de trifteffe avec lequel j'y fus reçu me fit
preffentir une partie de ce qu'on alloit me raconter. Mademoifelle de L.... en étoit partie
la veille avec Patrice. Le départ de mon frere
étoit devenu néceffaire par le malheur qu'il
avoit eu de bleffer mortellement Mylord
Linch, qui l'avoit forcé de mettre l'épée à la
main. Il étoit allé chercher un afyle en France ;
& mademoifelle de L.....avoit pris cette occafion pour retourner dans fa patrie. Anglefey,
qui fe propofoit depuis long-temps le même
voyage, s'étoit déterminé, fur leurs inftances,
à les accompagner avec fes deux fœurs.

C'étoit la mere d'Anglefey qui me faifoit ce
récit, & qui, n'ayant confenti qu'à regret au
départ de fes enfants, confervoit encore l'impreffion de trifteffe que lui avoit caufée cette
féparation. Elle ajouta qu'on l'avoit chargée
de m'informer de toutes ces circonftances ;
mais que, dans l'abattement où elle étoit, elle
auroit peut-être différé bien long-temps à rem-

plir fa promeffe. L'ayant interrogée fur la caufe
& les circonftances du malheur de Linch , elle
me protefta que tout en étoit obfcur pour elle ,
& que fi l'on pouvoit faire quelque fond fur de
fimples conjectures , elle s'imaginoit que mademoifelle de L..... avoit été la caufe innocente de cette querelle. Quoi ! lui dis-je, ils
vous ont caché ce qui s'eft paffé fans doute
dans votre maifon , ou à deux pas de vos murs ?
Oui , me répondit-elle , & je n'ai fu le combat
de votre frere que depuis leur départ.

Je me rendis maître ainfi des premiers mouvements de ma furprife & de ma douleur , pour
recueillir toutes les lumieres qui pouvoient fervir à régler ma conduite. Mais je conçus que
j'en devois efpérer peu de cette vieille dame ,
à qui une troupe vive & ardente de jeunes gens
ne s'étoient point avifés de faire confidence de
leur conduite & de leurs deffeins. J'appris feulement d'elle & de quelques domeftiques que
fes enfants lui avoient laiffés, que Patrice étoit
arrivé au château peu de jours après que j'en
étois parti ; qu'on y avoit vécu avec beaucoup
de tranquillité & d'agrément jufqu'au retour
de Mylord Linch ; mais qu'à peine y avoit-il
paru deux fois, que la contrainte & le trouble
avoient fuivi toutes fes vifites ; qu'on s'étoit
agité avec beaucoup de chaleur & de fecret jufqu'au moment où le bruit du combat s'étoit
répandu , & que la réfolution de partir avoit
été formée auffi-tôt ; qu'Anglefey avoit preffé
inutilement fa mere de l'accompagner, & qu'elle avoit fait elle-même des efforts auffi inutiles
pour empêcher fes filles de le fuivre ; qu'après
de longs débats ils s'étoient enfin promis mutuellement, eux de revenir en Irlande dans l'efpace d'un an, s'ils ne voyoient point d'apparen-

ce à s'établir agréablement à Paris ; elle à les
aller joindre en France, s'ils s'y établiſſoient
aſſez heureuſement pour leur faire oublier leur
patrie.

Ce détail ne m'apportant point les éclairciſſements que je déſirois, je me vis réduit à im-
plorer la pitié du Ciel, & à reconnoître devant
lui, avec un ruiſſeau de larmes, que ſa protection & ſon ſecours étoient mon unique eſpoir
dans un abyme où je ne voyois aucun jour.
Avec quelle amertume lui ouvris-je le fond de
mon cœur ! Avec quelles inſtances ne ſollici-
tai-je point ſa compaſſion ! Et vous voyez
bien, lui diſois-je à chaque inſtant, que ce
n'eſt pas pour moi-même. Mais vous abandon-
nez donc une malheureuſe famille, pour qui je
vous adreſſe depuis ſi long-temps mes vœux ?
Qu'allez-vous faire de Patrice ? Il eſt perdu.
Sa conſcience, ſon honneur, ſa fortune, je
vois tout ruiné par le même naufrage. Que fe-
rez-vous de ſa femme ? Je ne vois pour elle
qu'un affreux déſeſpoir, auquel toutes les
qualités mêmes qu'elle a reçues de vous ne ſont
que de plus fortes raiſons de ſe livrer. O Ciel !
m'écriai-je encore, ſi c'eſt dans l'extrêmité du
péril que tu te plais à ſignaler ta puiſſance,
qu'attends-tu ? Le malheur de ma triſte famille
n'eſt-il pas au comble ?

J'arrêtai néanmoins des mouvements dans
leſquels je commençai à craindre qu'il n'entrât de l'impatience & de la révolte. Le ſouve-
nir de Linch, qui ſe préſenta à mon eſprit,
me porta à m'informer s'il étoit dans un état
qui ne lui permît de ſouffrir la vue de perſonne, & je me flattai que ſi je pouvois l'entretenir
un moment, je recevrois de lui quelque explication. J'appris qu'il étoit à l'extrêmité ; ce qui

ne m'empêcha point de me préfenter chez lui ,
& de le faire avertir que je demandois à le voir.
Il me fit introduire. Je le trouvai occupé à dic-
ter une lettre , & je fus furpris d'apprendre
qu'elle étoit pour moi. Vous voyez, me dit-il ,
avec quelle rigueur la fortune me traite. Je n'ai
jamais formé d'entreprife qui m'ait réuffi ; &
dans le temps où le fentiment de ce que je
vous dois me porte , autant qu'une nouvelle
inclination , à vous facrifier les anciens défirs
de mon cœur , je péris par la main de votre
frere. Il ne put achever fans pouffer quelques
foupirs. Je marquai une vive compaffion pour
le trifte état où je le voyois , & je lui confeffai
que , ne faifant que d'arriver d'Antrim , j'ignorois tout ce qui s'étoit paffé dans mon abfence.
Il recueillit fes forces pour me tenir ce difcours :

Vous ne douterez pas , me dit-il , de l'étonnement où je fus à mon arrivée , en apprenant
de mes gens que vous aviez trouvé le moyen
de tromper ici leur vigilance , & que , par le
confeil d'Anglefey , ils m'avoient entretenu
dans l'erreur où leur premiere relation m'avoit
jetté. J'eus honte de l'obftination avec laquelle
j'avois refufé de vous croire. Cependant je ne
pouvois me perfuader encore que ce ne fût pas
votre fœur qu'on avoit enlevée avec vous ,
d'autant plus que mes gens n'avoient pas changé là-deffus d'opinion , & fe flattoient toujours
d'avoir exécuté fidelement mes ordres. Comme ils avoient fu par diverfes informations que
c'étoit dans la maifon d'Anglefey que vous
vous étiez retiré avec votre compagne , je ne
perdis par un moment pour m'y rendre , & je
vous conteffe que, n'étant point encore fans efpérance , je me hâtai d'autant plus , que je voulois mettre tous les moments de votre abfence

à profit. Je fus détrompé tout à fait par les gens d'Anglefey : mais apprenant d'eux que votre frere étoit depuis quelques jours dans cette maifon, je me fis une joie fenfible de le voir, & de lui marquer par mes careffes une partie de la reconnoiffance que je vous devois. Il les reçut avec plus d'ouverture que je n'avois droit de m'y attendre, après une violence dont je ne pouvois douter qu'il ne fût informé. Le malheureux fuccès de mon entreprife fut tourné en badinage, & croyant remarquer qu'on me voyoit fans défiance, je paffai le refte du jour dans une compagnie que je trouvai pleine d'agrément. Je vous dis la fource de mon malheur. Les charmes de mademoifelle de L... firent de profondes impreffions fur moi, & je retournai chez moi tout pénétré de fon image.

Ces nouveaux fentiments n'entrerent point dans mon cœur fans me caufer une extrême furprife. Mais fi vous confidérez combien mon ancienne paffion m'avoit caufé de tourments inutiles, & quelle diminution la ruine de mes derniers deffeins avoit dû mettre dans mes efpérances, vous regarderez moins ce changement comme une inconftance, que comme une marque de défefpoir & de laffitude. Loin de m'en faire un reproche, je fortifiai cette inclination naiffante par mes propres réflexions. Je vous devois de la reconnoiffance. C'étoit répondre mal à votre générofité que de m'obftiner à mettre le trouble dans votre famille par des prétentions que je ne pouvois plus juftifier. Il ne me reftoit même aucune voie pour les faire valoir. Je me crus trop heureux d'être parvenu fans effort à pouvoir accorder l'intérêt de mon devoir & celui de mon repos. Quoique je n'euffe jamais connu mademoifelle de

L..... je me souvenois de quelques circonstances où j'avois été informé de sa naissance & de
son bien. Elle étoit libre ; le Ciel sembloit me
l'avoir amenée pour guérir toutes les plaies de
mon cœur. Je pensai sérieusement à lui rendre des soins ; & si elle continuoit de me plaire, je résolus de lui offrir avec ma main une
fortune qu'elle ne pouvoit dédaigner.

Auriez-vous condamné ce projet ? Je ne fis
que m'y conformer les jours suivants, & je
m'applaudissois d'avoir trouvé l'occasion de rentrer naturellement dans certaines bornes, dont
j'étois obligé de reconnoître que la force de
mes passions m'a trop long-temps écarté. Je retournai assidûment chez d'Anglesey. Mes premières visites furent souffertes avec complaisance, & ma tendresse pour mademoiselle de
L... augmentoit tous les jours. Mais le refroi-
dissement de votre frere me fit bientôt comprendre qu'il avoit pénétré mes vues, & qu'elles ne s'accordoient point avec les siennes. Ce
ne fut pas tout-d'un-coup néanmoins que je
pénétrai ses sentiments. Etant marié en Irlande,
je ne l'aurois pas soupçonné d'être mon rival ;
& lorsque je le pris en particulier pour lui expliquer le fond de mes desséins ; je m'imaginois
que ma conduite passée pouvant me rendre suspect, un reste d'attachement pour une jeune
personne qu'il avoit aimée lui faisoit craindre
qu'il n'y eût quelque danger pour elle à m'é-
couter, & lui inspiroit en un mot des défiances que je voulois dissiper par mes explications.
Il les reçut avec une hauteur dont ma fierté
fut piquée. Je passe sur un détail qui renou-
velleroit peut-être mon ressentiment ; mais dès
cette première ouverture nous ne nous serions
pas séparés sans quelque violence, si le souve-

nir de vos bienfaits ne m'eût fait mettre de la
modération dans mes réponfes. Je vous écrivis le lendemain, & vous avez dû juger par
mon ftyle que je n'avois pas eu peu de peine à
me vaincre. Cependant j'étois réfolu de faire
cet effort fur moi jufqu'à votre retour, & je
me promettois que votre fageffe vous feroit
approuver ma conduite & mes fentiments.

J'affectai donc de paroître infenfible au procédé de votre frere ; & ne pouvant douter
qu'Anglefey, qui eft mon parent, ne me vît
volontiers chez lui, j'y retournai à l'heure que
j'avois choifie pour mes vifites. Mais j'eus le
chagrin pour la premiere fois de voir difparoî-
tre mademoifelle de L.... à mon arrivée. Votre
frere ne s'étant point préfenté auffi long-temps
qu'elle fut abfente, je conffeffe que la jaloufie
s'empara fi furieufement de mon cœur, que
j'eus mille tourments à fouffrir pour me rendre
maître de mes tranfports. Je revins chez moi
en formant divers projets de vengeance. Que
fut ce le lendemain, lorfqu'arrivant chez d'Anglefey je les apperçus tous deux qui paroiffoient
fuir dans le parc pour éviter ma préfence, &
qui tournoient la tête par intervalles, comme
pour s'affurer que je ne pouvois les découvrir ?
Ils n'avoient avec eux qu'une des fœurs d'Anglefey. Ma honte étoit trop claire. J'aurois
fait éclater fur le champ les mouvements qui
m'agitoient, fi je n'euffe appréhendé que d'Anglefey, avec qui j'étois, n'en eût pris occafion
de m'obferver. Je compofai mon vifage, tandis que j'avois le cœur cruellement déchiré ;
& feignant de me vouloir faire un jeu de les
furprendre, je me gliffai derriere les arbres juf-
ques dans un lieu d'où je pouvois les voir &
les entendre. Ce que j'apperçus juftifia tous

mes ſoupçons. Votre frere badinoit familiérement avec ſes compagnes, & s'il leur diſtri-
buoit également ſes careſſes, je ſus trop démêler que c'étoit pour faire paſſer les unes à
la faveur des autres, & que celles qui s'adreſ-
ſoient à mademoiſelle de L.... étoient bien ani-
mées par un autre air de tendreſſe. Elle ne les
recevoit pas non plus comme des libertés in-
commodes ou déſagréables. Mes yeux péné-
troient juſqu'au fond de leur cœur. Malheureuſe diſpoſition du mien, qui me faiſoit trouver
mon ſupplice dans le bonheur d'autrui! Mais
que devins-je, lorſque j'entendis faire quelques railleries à votre frere ſur la patience que
j'avois de m'ennuyer avec Angleſey & ſa mere ?
Je n'y pus réſiſter. J'avançai la tête, & prenant
le moment qu'il avoit les yeux tournés vers
moi, je lui fis un ſigne qui ne lui fut pas difficile à comprendre. Je lui rends juſtice; il y
répondit en galant homme. S'étant écarté ſans
affectation, il eut bientôt trouvé la route que
je pris à quelque diſtance devant lui, & toujours cachés par les arbres nous nous joigni-
mes dans un lieu propre à mon deſſein. Furieux comme j'étois, je commençai par des
reproches capables de le piquer. Il n'y répondit qu'en portant la main ſur ſon épée. Notre
combat dura peu. La fureur m'ayant fait perdre toutes meſures, je fus percé d'un coup
qui m'a mis dans l'état où vous me voyez.

J'avouerai avec confuſion, que dans la rage
de me voir abattu aux pieds de mon rival, je
penſai à recueillir tout ce qui me reſtoit de
force pour achever ſon ouvrage. J'étendis le
bras vers mon épée qui étoit à quelques pas de
moi, & je m'en ſerois donné mille coups ſi

j'eusse pu la saisir. Mais quelque idée qu'il pût
se former de mes vues, il l'écarta promptement
avec le pied, & m'ayant promis de m'envoyer
du secours, il me délivra aussi-tôt du tourment de le voir. C'en fut un plus mortel encore de penser qu'il alloit jouir de son triomphe,
& se faire un nouveau mérite du péril qu'il venoit de partager. Cependant m'étant fort affoi-
bli par la perte de mon sang, les mouvements
de fureur & de haine firent place à quelques sentiments de religion. Il me vint du secours. Je
voulus être porté chez moi ; & concevant par
l'épuisement de mes forces que je touchois
peut-être à mon dernier moment, je chargeai
un de mes gens d'aller dire à votre frere que
je lui pardonnois ma mort.

Il y a vingt-quatre heures que la vigueur de
mon tempérament me soutient contre toute espérance. Dans une situation où tous les désirs
& les ressentiments s'éteignent, il m'est venu
à l'esprit de vous écrire, non-seulement pour
vous demander pardon de tous les chagrins que
j'ai causés à votre famille, mais pour vous donner quelques marques d'amitié & de confiance
qui vous persuaderont de la sincérité de mon
repentir. N'ayant point de parents catholiques
avec qui j'aie eu beaucoup de liaison, je vous
remets la disposition du trésor que je me sou-
viens d'avoir visité avec vous. Vous en ferez
l'usage qui conviendra à votre piété & à vos lumieres, soit que vous jugiez à propos de l'a-
bandonner au Roi Jacques, à qui je l'ai déjà
offert, soit qu'il vous paroisse plus nécessaire
de l'employer ici aux besoins des fideles. Je
crois devoir aussi quelque réparation à votre
sœur pour tant d'inquiétudes & de peines que
ma folle passion lui a fait essuyer, & sur-tout

pour l'obſtacle que j'ai mis peut-être à ſon éta-
bliſſement. Les pierreries de ma mere lui étoient
deſtinées dans mes premieres vues. Acceptez-
les pour elle, & qu'elles ſervent à lui faire oublier les raiſons qu'elle a eues de me haïr. Hélas ! ajouta-t-il avec un profond ſoupir, mon
ſort a toujours été de me rendre odieux par les
raiſons qui ſervent aux autres à ſe faire aimer,
& malheureux par les voies qui ſembloient me
devoir conduire au bonheur.

En finiſſant un diſcours que l'excès de ſon
affoibliſſement lui avoit fait interrompre vingt
fois, il ſe fit apporter une caſſette qu'il me pria
d'ouvrir. J'y trouvai, avec les diamants & les
bijoux de ſa mere, tous les mémoires qui ap-
partenoient au tréſor. M'ayant forcé de les accepter, il y joignit un billet ſigné de ſa main,
qu'il avoit déjà préparé, & qui faiſoit foi de
la ceſſion volontaire qu'il me faiſoit de tous ſes
droits ſur ce qu'il m'abandonnoit. Les Médecins l'avoient déjà preſſé de finir un entretien
qui altéroit conſidérablement ſes forces, & ſon
naturel ardent ne l'abandonnant point juſqu'à
l'extrêmité, il les avoit rejettés avec impatience. Mais les faiſant rappeller, il ſe remit entre leurs mains avec plus de douceur, & il me
demanda pour unique témoignage d'amitié &
de compaſſion, de demeurer auprès de lui pour
recevoir ſes derniers ſoupirs.

Un devoir ſi juſte me retint deux jours, qui
furent le terme de ſa vie. Avec quelque zele
& quelques ſentiments de reconnoiſſance que je
fuſſe porté à lui rendre ce dernier office de la
charité chrétienne, il étoit triſte à mon cœur
d'être appellé par d'autres obligations qui ne
pouvoient ſe concilier avec un ſi long délai. Je
ſouffris d'autant plus de cette penſée, qu'étant
occupé

occupé continuellement à réciter les prieres de
l'Eglise, je me trouvois même obligé de la rejetter comme une distraction. Cependant il
étoit certain que Patrice étant parti au hazard,
& sans être sûr de trouver à Waterford un vaisseau prêt à mettre à la voile, je pouvois espérer, avec un peu de diligence, de le joindre
encore, & peut-être de l'arrêter. Les combats
d'honneur qui se font sans fraude & sans inéga-
lité ne sont pas punis en Irlande avec autant
de rigueur qu'en France. Il y avoit d'ailleurs
mille moyens de le mettre à couvert des poursuites; & le danger, quel qu'il fût, auroit toujours été un moindre mal qu'un voyage entrepris contre toutes sortes de droits, & dont il
ne falloit pas être fort éclairé pour prévoir les
suites funestes. J'écartai néanmoins toutes ces
réflexions, & remettant de si chers intérêts
à la conduite du Ciel, j'en fis le sacrifice à la
charité.

A peine la mort eut-elle fermé les yeux de
Mylord Linch, que je me flattai de réparer encore le tems que j'avois perdu. J'avois eu la précaution de faire partir plusieurs chevaux de re-
lais, qui devoient servir à me faire avancer avec
toute la diligence possible dans un pays où l'u-
sage de la poste n'est pas encore établi. Sans
perdre un moment je pris le chemin de Waterford, & je n'y serois pas arrivé plus vîte avec
des aîles. O nouvelle source de douleur! Mon
frere étoit parti le même jour. Après avoir
cherché inutilement une occasion pour le passage, l'impatience & la crainte leur avoient fait
louer à grand prix le premier vaisseau qui s'é-
toit présenté. Je trouvai dans le lieu où ils
avoient logé, non-seulement le cocher d'Anglesey, qui y étoit encore avec ses chevaux &

III. Partie.   G

son carrosse, mais le laquais de Patrice qui
cherchoit une voiture pour regagner le comté
d'Antrim. Il ne sut pas plutôt qui j'étois, que
demandant à me voir, il m'apprit volontairement des circonstances que je brûlois d'entendre. Son maître, forcé de s'éloigner par le
malheur qu'il avoit eu de blesser mortellement
Mylord Linch, lui avoit laissé ordre de porter cette nouvelle à Antrim, & de le rejoindre
ensuite à Paris. Le trouble d'un départ si précipité ne lui avoit pas permis de m'écrire, ni à
sa femme ; mais il nous promettoit de satisfaire
à ce devoir en arrivant en France. Il recommandoit Myladi à mes soins, & la prioit elle-
même de ne pas se livrer à des excès d'affliction.

Ces attentions & ce langage me parurent autant d'artifices qui couvroient des inclinations
& des vues toutes différentes. Je soupirai avec
amertume ; & n'ayant plus d'autre ressource
que la pitié du Ciel, je lui demandai pour prix
du sacrifice que je lui avois fait auprès de Mylord Linch, d'arrêter les téméraires desseins
d'un frere qui couroit aveuglément à sa perte.
Il n'étoit pas question de passer la mer pour le
suivre. Outre l'incertitude de sa route & la difficulté de trouver un vaisseau, j'étois appellé
par un autre soin qui partageoit cruellement
mon cœur. Je me représentois quel alloit être
le désespoir de ma belle-sœur en recevant le
premier avis de cette nouvelle disgrace, ou plutôt pressentant déjà qu'elle auroit bientôt d'autres lumieres, la compassion que j'avois pour
son sort me faisoit éprouver d'avance une partie de ses peines. C'étoit à elle que je devois
les premiers efforts de mon zele, pour réparer
du moins dans quelque mesure les effets d'un

mal que je ne pouvois plus empêcher.

Ainfi condamné déformais à des courfes continuelles, & fatigué prefqu'également de corps & d'efprit, je repris la route d'Antrim, avec l'unique deffein de me rendre utile au repos de ma belle-fœur. J'avois exigé du laquais de Patrice qu'il fe repofât fur moi de fa commiffion. Mais cette précaution étoit inutile. Dilnick, qui fe préfenta le premier à mon arrivée, m'apprit que fa niece étoit déjà informée de ce que je penfois à lui déguifer ; que fa fanté & fon efprit étoient dans un égal défordre. Au moment qu'elle avoit appris mon départ pour Dublin, elle s'étoit défiée qu'une réfolution fi peu méditée fuppofoit quelqu'événement extraordinaire, & fon inquiétude étant redoublée par le myftere qu'on affectoit, elle avoit chargé un de fes gens de me fuivre à quelque diftance, avec ordre de veiller fur toutes mes démarches, & de l'informer promptement de tout ce qui auroit rapport à fon mari. Cet Argus étoit entré fi fidelement dans fes intentions, que ne m'ayant point perdu de vue jufqu'au château d'Anglefey, il avoit appris prefqu'auffi-tôt que moi le combat de mon frere & fa fuite. Il étoit retourné avec la derniere diligence pour communiquer cette nouvelle à fa maîtreffe, & n'ayant point ménagé fes expreffions, il l'avoit jettée dans des alarmes qui mettoient fa vie même en danger.

Ma crainte fut d'abord que mademoifelle de L..... n'eût été mêlée dans ce récit ; mais n'entendant rien ajouter à Dilnick, je conçus que la précipitation du meffager l'avoit empêché de pénétrer plus loin que les apparences, & que la plus dangereufe partie du mal étoit ignorée. J'entrai chez ma belle-fœur avec cette con-

fiance ; elle parut recevoir quelque confolation
de mon arrivée, & le tour que je donnai à l'infortune de fon mari contribuant encore à calmer fes agitations, je me perfuadai de plus en
plus qu'elle étoit fans défiance du côté de fa
rivale. Cependant la propofition qu'elle me fit
auffi-tôt de la conduire en France, auroit pu
me faire naître quelque foupçon, fi je ne l'euffe
attribuée au mouvement d'une tendreffe dont
je connoiffois l'excès, ou fi je n'euffe cru du
moins qu'elle ne pouvoit avoir d'autre motif
que le fondement que je connoiffois à fa jaloufie. J'oppofai d'abord à fes inftances le fâcheux état de fa fanté, & l'efpérance que j'a-
vois de faciliter le retour de fon mari ; mais
venant tout-d'un-coup à penfer que, dans
l'oubli de foi-même, où je fuppofois Patrice,
rien n'auroit tant de force pour le rappeller à
fon devoir que la préfence d'une époufe ver-
tueufe, dont le moindre regard féroit capable
de le couvrir de confufion, j'entrai volontiers
dans cette idée ; & fans expliquer ce qui mettoit un fi prompt changement dans les miennes,
je ne demandai à ma belle-fœur que de fe rétablir affez pour entreprendre le voyage fans
danger.

Un motif fi puiffant eut plus d'effet que tous
les remedes. Je remarquai fenfiblement que
chaque jour ajoutoit quelque chofe à fes forces.
Elle ne parloit pas de notre projet fans une efpece de complaifance qu'elle paroiffoit prendre
dans fes idées. Nous nous trompions ainfi mutuellement ; car fi je ne lui avois pas découvert
mes vues, elle étoit bien éloignée de m'avoir
confeffé les fiennes. Auffi-tôt que je lui crus
affez de fanté pour faire efpérer que le temps
acheveroit de la rétablir, je profitai de l'inter-

valle que cette espérance me laissoit pour visiter mon troupeau. J'y fus reçu avec des larmes de joie, & si quelque chose balança jamais dans mon cœur les obligations de la nature, ce fut le zele que je sentis renaître à
cette vue.

Mais j'étois trop occupé des peines de ma
belle-sœur pour oublier ce que je devois à sa
consolation. Je la trouvai à mon retour, non-
seulement constante dans la résolution de partir,
mais si bien rétablie de ses infirmités, que je ne
pus attribuer ce miracle qu'à l'amour. Ses préparatifs étoient déjà faits pour le voyage, &
j'admirai, comme une autre marque de sa vive
tendresse, qu'elle eût moins pensé à ses propres besoins qu'à ceux de son mari; la plus
grande partie de son équipage se trouvoit composée de ce qui étoit à l'usage de mon frere.
Ingrat ! ne pus-je m'empêcher de dire en moi-
même, comment refuses-tu ton cœur à tant
d'amour & de vertu ? Qui sait dans quel éga-
rement nous allons te trouver, & si le plaisir
de te voir, qu'on se propose avec tant d'ardeur
& de joie, ne se changera pas bientôt dans
un abyme de nouvelles douleurs ?

Le soin de tout ce que ma belle-sœur laissoit derriere elle fut confié à Dilnick. Il avoit
approuvé lui-même notre voyage, & l'opinion
qu'il avoit de ma bonne foi le rassurant contre
toutes les craintes que Fincer lui avoit inspi-
rées, il nous vit partir sans inquiétude. Un
vaisseau qui faisoit voile à Dunkerque nous
transporta heureusement dans cette ville, où
nous trouvâmes toutes sortes de commodités
pour nous rendre à Paris.

Ce voyage, que j'avois entrepris avec moins
de répugnance que de joie, me fit des impres-

fions toutes différenes à mefure que nous avan-
cions vers le terme. J'ignorois dans quelle fituation nous allions trouver Patrice ; & forcé
de me livrer à mille foupçons funeftes , qu'il
m'avoit été plus facile de fufpendre dans l'é-
loignement , je tremblois que tous les maux
que j'avois à craindre ne fuffent déjà fans re-
mede. Il me fembloit même que la préfence de
ma belle-fœur n'étoit propre qu'à les irriter.
De quel œil un mari coupable peut-il voir
une femme dont il n'attend que des reproches?
Souvent la honte fe change en dureté & en obftination pour fe déguifer ; & tel qui n'avoit
livré au défordre que la moitié de fon cœur,
trouve des raifons pour s'y abandonner fans réferve lorfqu'il eft preffé de fe juftifier. D'ailleurs ayant écrit deux fois à Rofe , je n'avois
pas reçu de réponfe. C'étoit le fujet d'une autre
inquiétude , que je n'avois pas fentie fi vivement en Irlande qu'en approchant de Paris.
Ainfi l'obfcurité & l'épouvente fembloient pré-
céder mes pas ; & loin de me promettre de
la fatisfaction en revoyant ce que j'avois de
plus cher , je m'occupois triftement à m'armer de force pour effuyer une infinité de
nouvelles douleurs.

Mes incertitudes me cauferent tant de trouble le dernier jour du voyage , que, n'ofant
m'enfoncer fans précaution dans de fi affreufes
ténebres, je pris le parti de m'arrêter à S. Denis , d'où je fis partir auffi-tôt mon valet avec
divers ordres. Il me fut aifé de faire approuver
à ma belle-fœur les prétextes que je lui apportai
pour ce retardement. La première commiffion
dont je chargeai Jacin , fut de porter au Comte de S... la nouvelle de mon arrivée ; mais en le
faifant avertir que j'avois avec moi ma belle-

fœur, je ne jugeai point à propos qu'il fût informé de mes alarmes fur la conduite de Patrice. Jacin avoit aſſez d'eſprit pour ne rien con-
fondre, & comme il n'ignoroit pas ce que je
lui ordonnois de cacher, je le crus même capable de tirer adroitement du Comte ce qu'il
jugeroit propre à m'éclaircir. Delà il devoit
aller à notre terre des Saiſons, ſi Mylord Tenermill & Roſe s'y étoient retirés, comme je
me l'imaginois ; ou à celle du Comte, s'ils y
demeuroient encore. Je lui recommandai d'é-
viter avec ſoin la vue de Patrice, dans quelque
lieu qu'il pût le rencontrer, & d'employer
toute ſon adreſſe pour voir Mylord Tenermill
ſans témoins. Ce que je l'avois chargé de lui
dire ſe réduiſoit à quatre mots. Sans parler de
ma belle-ſœur, il devoit le prier de me venir
joindre à S. Denis, où je l'attendois pour des
affaires qui demandoient autant de diligence
que de ſecret.

Il n'y aura perſonne qui n'entre ici dans mes
vues. Quelque opinion que les diſcours de Tenermill m'euſſent fait prendre de ſes principes,
je ne pouvois me perſuader que l'honneur ne
lui inſpirât point d'autres ſentiments, lorſqu'ayant vu ma belle-ſœur, & ſe trouvant preſſé par ſes larmes autant que par mes inſtances,
de contribuer à lui rendre ſon mari, il ſeroit forcé de reconnoître que ſon propre intérêt lui en
feroit une néceſſité. Car il ne falloit pas s'attendre que la moindre infidélité de Patrice pût
être long-temps cachée à ſon épouſe, ni qu'elle fût d'humeur à ſupporter les outrages d'un ingrat qui devoit tout à ſes bienfaits. Des plaintes auſſi juſtes que les ſiennes ne pouvoient
manquer de ſe faire entendre ; & ſur qui la honte d'un tel éclat devoit-elle tomber plus direc-

G 4

tement que fur lui-même, qui avoit mille raifons de ménager fon honneur & celui de fa
famille, dans un pays où fes efpérances n'a-
voient jamais eu d'autre fondement?

J'étois occupé de ces réflexions, lorfque le
bruit d'un équipage qui s'arrêtoit vis-à-vis de la
porte, m'ayant fait mettre la tête à ma fenêtre, je le reconnus pour le carroffe du Comte
de S..... que j'en vis fortir auffi-tôt. Ma furprife ne tomba d'abord que fur la diligence de
Jacin qui ne devoit pas avoir perdu un moment,
& fur le zele du Comte, à qui l'amitié fembloit avoir prêté des ailes. Mais je fus vivement ému en voyant fortir du carroffe après lui
mes deux freres; & par quels termes repré-
fenterai-je l'excès de mon trouble, lorfqu'ayant
tourné tous trois le vifage vers la portiere, je leur vis donner la main à deux Dames,
qui étoient mademoifelle de L....... & ma
fœur?

Il me feroit échappé un cri de douleur & d'é-
tonnement, fi la bontédu Ciel ne m'eût remis
tout-d'un-coup devant les yeux les intérêts que
j'avois à ménager. Ce fut encore un miracle
de la Providence, que celle pour qui je m'alar-
mois avec tant de raifon n'eût pas même la curiofité de me demander ce que j'avois vu, &
que livrée à fes méditations ordinaires, elle fût
demeurée tranquillement affife à quelque diftance de la fenêtre. Cette penfée me fit rappeller heureufement toute ma préfence d'efprit. Je
tirai de ma poche un livre dont je m'étois mu-
ni pout éviter l'ennui du voyage, & demandant à ma belle-fœur la permiffion de la quitter un moment, je la preffai d'en lire quelques
pages, dont je lui témoignai que je ferois bien-
aife de favoir fon fentiment. Je fortis auffi-tôt,

fans affectation. Mais à peine eus-je tiré fur
moi la porte de la chambre, que je defcendis
l'efcalier avec une promptitude égale à ma crainte, en maudiffant Jacin que j'accufois de m'a-
voir jetté dans un fi cruel embarras.

Le premier objet que je rencontrai fut un des
gens de ma belle-fœur, qui ayant apperçu fon
maître, fe hâtoit de monter pour nous avertir
de fon arrivée. Je l'arrêtai avec feu, & lui ayant
défendu d'entrer dans la chambre de fa maîtreffe fous peine d'être renvoyé fur le champ en Irlande, je lui donnai ordre de fe tenir au bas
de l'efcalier, pour faire de ma part la même
déclaration à nos autres domeftiques. Il ne me
vint pas le moindre doute que Patrice & toute
fa compagnie n'euffent appris de Jacin que ma
belle-fœur étoit avec moi ; & quand je ne les
aurois pas cru bien inftruits par cet indifcret,
je n'aurois pu m'imaginer que de quatre domeftiques qu'elle avoit à fa fuite, il n'y en eût pas
un qui fe fût trouvé à la porte, & qui n'eût
été reconnu par fon maître. Cependant n'ayant
point vu paroître Jacin, & remarquant que
le Comte & mes freres étoient encore à demander aux domeftiques de la maifon de quel
côté ils devoient prendre pour monter à ma
chambre, je me flattai de pouvoir me tirer de
ce labyrinthe, & je réfolus, en les abordant,
d'attendre leurs explications.

Après quelques vives effufions de tendreffe,
qui ne furent mêlées d'aucun éclairciffement,
je leur fis ouvrir une chambre éloignée de celle
où j'avois laiffé ma belle-fœur, & j'y entrai
avec eux. Dans la confufion de ces premiers
mouvemens je ne laiffai pas d'avoir les yeux
particuliérement attachés fur Patrice, & je crus
démêler fur fon vifage un air d'embarras qui

G 5

déceloit un cœur coupable. La tranquillité qui
paroiſſoit au contraire ſur celui de mademoiſelle de L.... étoit une marque qu'elle ne ſe
croyoit plus ſi malheureuſe, & je regardai deux
diſpoſitions ſi différentes comme des effets de
la même cauſe. On s'aſſit. Mylord Tenermill
prit la parole. Il ſembloit à ſa contenance qu'il
eût mille choſes à m'apprendre, & qu'il ne ſût
laquelle il devoit expliquer la premiere. Il ne
manquoit à notre joie, me dit-il enfin, que
de vous voir arriver pour y prendre part. Vous
ne voyez pas un ſeul de nous qui n'ait le cœur
ſatisfait, & qui ne ſoit charmé de vous avoir
pour témoin de ſon bonheur. Patrice même,
ajouta-t-il en le regardant avec un air d'intelligence qui le fit rougir, ne me déſavouera
point ſi j'aſſure qu'il eſt content de ſes eſpérances, & que depuis quatre jours il a lieu de ſe
louer de ſa fortune. Mais ce que nous avons à
vous apprendre demande d'être expliqué avec
moins d'obſcurité.

À près bien des ennuis & des langueurs, reprit-il en ſouriant, ma ſœur eſt à la veille d'obtenir tout ce qu'elle a déſiré. M. le Comte a
détruit les obſtacles qui nous ont fait craindre
long-temps pour la ſucceſſion de des Peſſes. Il
a gagné lui-même ſon procès. Il n'attend pour
la concluſion de ſon mariage que l'expiration
d'un temps fort court qu'il doit encore à la bienſéance. Il meurt d'impatience, & je crois que
celle de Roſe eſt égale. Mon bonheur a voulu, continua-t-il, que le Roi Jacques ait pris
pour moi des ſentiments favorables. Sa recommandation me fait obtenir un régiment Irlandois, qui eſt commandé pour paſſer la mer au
premier jour. Il y a joint une penſion de douze
mille francs ſur ſa caſſette, & ſa bonté me fait

eſpérer que ce ne ſera pas le dernier de ſes bienfaits. Mais ce qui me rend ſa faveur encore plus
précieuſe, c'eſt qu'elle m'a fait employer heureuſement mes ſoins pour la ſatisfaction de Patrice. Il eſt revenu en France avec tous les ſujets de triſteſſe que vous n'ignorez pas. Un mariage forcé, une épouſe odieuſe, un démêlé
avec la Juſtice pour la mort de Linch, une répugnance invincible à retourner en Irlande
quand il y trouveroit toutes les facilités qu'il
ne peut eſpérer ; & pour ne pas déguiſer ce qui
lui eſt le plus honorable, une tendreſſe pour
mademoiſelle de L.... qui eſt à l'épreuve de
toutes ſortes d'obſtacles, & qui eſt bien juſti-
fiée par le mérite & les ſentiments de celle qui
l'a fait naître ; tant de raiſons m'ont fait entrer dans ſes peines, & m'ont porté à ne rien
épargner pour les ſoulager. J'ai communiqué
toutes ſes infortunes au Roi. Ce Prince, qui
avoit appris avec chagrin qu'il s'étoit marié en
Irlande, ſur-tout avec la fille de Eincer, dont
vous n'avez pu douter que le nom ne fût odieux
à S. Germain, a marqué beaucoup d'envie de
le ſecourir : & lorſqu'il a ſu qu'après pluſieurs mois de mariage il n'avoit point encore
eu de commerce avec ſa femme, il a été le premier à croire qu'un nœud ſi mal aſſorti pouvoit
ſe rompre facilement. J'ai ſaiſi avidement cette
ouverture. L'affaire fut conſultée il y a quatre
jours, par les meilleurs Avocats de Paris, &
leur réponſe eſt ſi favorable, que nous ne pen-
ſions qu'à faire venir d'Irlande les informations
& les témoins néceſſaires pour faire notre demande en juſtice. Mais votre arrivée, ajouta
Tenermill, abrégera une partie de nos peines,
car nous ne ſaurions croire que vous faſſiez
difficulté d'entrer dans un projet ſi juſte ; &

G 6

quoique le mariage de Patrice ait été votre ouvrage, vous n'êtes plus sans doute à reconnoître qu'un engagement si malheureux n'est
point approuvé du Ciel , & ne peut être rom-
pu trop tôt.

Il se tut pour attendre ma réponse. C'est au
Ciel sans doute que je fus redevable de la force
qui me rendit maître des mouvements de mon
cœur , & qui me fit modérer mes expressions.
Je les félicitai en peu de mots sur cette partie
de leurs prospérités qui ne blessoit ni les droits
de la religion , ni l'équité naturelle ; & regardant fixement Patrice , dont la rougeur marquoit assez l'embarras , je lui demandai d'un air
& d'un ton douloureux , si c'étoit du fond du
cœur qu'il donnoit la qualité d'odieuse à une
femme aimable & passionnée pour lui ? Il se hâta de me répondre qu'il ne s'étoit jamais servi
de ce terme , & que son frere avoit mal inter-
prété ses sentiments ; mais que je n'ignorois
pas aussi que tout ce qu'il avoit jamais senti
pour elle étant de la reconnoissance & de l'estime , il avoit regardé dès le premier moment
son mariage comme un supplice ; & qu'il étoit
certain d'ailleurs que pendant le long séjour
qu'il avoit fait avec sa femme , à peine s'étoit-
il échappé à lui toucher la main. Je sais , lui dis-
je en l'interrompant , que vous l'avez traitée
avec beaucoup de froideur ; mais vos fautes ne
changent rien à son mérite & ne diminuent rien
de ses droits. C'est vous faire assez mal ma
cour , ajoutai-je en tournant les yeux vers mademoiselle de L... ; mais je vous connois ,
Mademoiselle , autant de vertu que d'esprit &
de beauté ; & quand j'ai pris part à vos chagrins , j'ai supposé que vous ne m'exposeriez
jamais à la nécessité de changer de sentiments.

Ma vue, dans cette espece de diversion, étoit de la piquer d'honneur ; & craignant de m'engager trop loin avec mes freres, j'étois bien aise de prendre une voie indirecte pour leur déclarer netrement mes dispositions. Mais Tenermill affectant sa supériorité ordinaire sur ce qu'il nommoit ma délicatesse & mes scrupules, se leva avec un air de suffisance ; & prévenant mademoiselle de L....., qui paroissoit embarrassée à me répondre : fiez-vous à moi, mademoiselle, lui dit-il, & soyez sans crainte. Je vous promets qu'avant deux jours il nous fera la grace de penser comme le Roi, comme tous les honnêtes gens de Paris & comme nous. Vous verrez, ajouta-t-il avec un sourire ironique, qu'il nous pressera à la fin de ne pas choisir une autre main que la sienne pour vous donner la bénédiction du mariage, ou s'il continue de nous chagriner par ses petites objections, nous le prierons de se mêler uniquement de ses livres. Ensuite se tournant vers moi d'un visage riant, il me répéta qu'il étoit charmé de mon retour, & que si je l'en voulois croire, nous prendrions tous ensemble le chemin de Paris, où je serois témoin de mille choses qui flatteroient la tendresse dont j'étois rempli pour ma famille.

Arrêtez, lui dis-je d'un ton ferme, au moment qu'il invitoit les dames à sortir. Je suis peu sensible à tout ce qui ne blesse que la considération que vous devez à mon caractere & à mon âge. Mais soyez-le vous-même à des motifs beaucoup plus pressants. Et ne balançant point à leur déclarer que ma belle-sœur étoit dans une chambre de la même auberge, je suis curieux d'apprendre, dis-je à Tenermill, quels prétextes de divorce votre imagination sera ca-

pable de vous fournir contre une femme qui
joint à mille charmes naturels une vertu sans reproche, & tant d'amour pour son mari, que, sans
se rebuter de son ingratitude & de sa dureté,
elle abandonne sa patrie pour le chercher au travers de mille dangers. Il sera nouveau pour les
Juges de France d'entendre donner le nom
de crime à des excès de bonté & de tendresse,
& d'en voir prendre une occasion de mépris &
de dégoût. J'avois compté, ajoutai-je, qu'en
ménageant les choses avec un peu de prudence,
je pourrois vous ramener tous à des résolutions honnêtes & vertueuses, & je m'applaudissois d'avoir pu dérober ici votre arrivée à ma
belle-sœur, dans l'espérance du moins de vous
disposer à la recevoir civilement. Mais puisque
vous rejettez toutes sortes de compositions, c'est
à vous de vous précautionner d'avance contre
ses justes plaintes. Elle ne sera point condamnée sans être entendue. Elle ne manque ni de
courage ni d'esprit pour repousser une injure.
Son bien lui fera trouver des défenseurs si elle
n'en peut espérer de la Justice, & je ne vous
dissimulerai point que, loin d'entrer dans vos
projets, je prendrai parti jusqu'au dernier
soupir pour son infortune & sa vertu.

L'embarras où je les vis me forma pendant
quelques moments un spectacle qui eut de la
douceur pour mes yeux. C'étoit une vengeance bien innocente, puisque le fruit que j'en espérois étoit encore de leur inspirer des sentiments raisonnables. Je les vis long-temps comme incertains. A quoi nous exposez-vous, me dit
brusquement Tenermill ? Et prenant le Comte
& Patrice à l'écart, ils tinrent conseil ensemble
avec des précautions extrêmes pour n'être pas
entendus. Je ne les gênai point ; mais profitant

de cet intervalle , je fis quelques reproches à
mademoiselle de L... du trouble qu'elle alloit
répandre dans ma famille. Eſt-ce vous , lui dis-
je , dont la douceur & la vertu m'avoient inſpi-
ré tant d'eſtime ? Comment s'oublie-t-on juſqu'à
cet excès ? Qu'eſpérez-vous ? Avez-vous ſongé
qu'en ruinant notre repos , vous vous expoſez
preſqu'infailliblement à vous perdre de réputation ? Car le ſuccès dont mes freres ſe flattent
eſt bien éloigné. Je ſoutiendrai l'intérêt de ma
belle-ſœur juſqu'au tombeau. C'eſt un faux
expoſé qui vous a rendu les conſultations favorables. J'inſtruirai les Juges. Je ferai ouvrir les
yeux ſur vous à toute la France. Elle me répondit avec beaucoup de larmes , qu'elle ne
ſouhaitoit ni la ruine de notre repos , ni le malheur de perſonne, & que ſi elle s'étoit flattée
de quelque eſpérance , c'étoit depuis que Mylord Tenermill l'avoit aſſurée de la protection
du Roi & de la faveur des Juges. Roſe , qui paroiſſoit s'intéreſſer beaucoup pour elle , confirma cette réponſe par ſon témoignage. Elle ajouta même adroitement tout ce qu'elle put s'imaginer de plus propre à la juſtifier. Mais dès
qu'elle ſembloit ſe déclarer contre ma belle-
ſœur, elle m'étoit ſuſpecte , & je ſoupirois amérement en faiſant réflexion que je ne pouvois
plus prendre de confiance à perſonne.

Cependant mes freres revinrent à moi ; & Patrice, à qui il convenoit de m'expliquer leur réſolution , me pria de continuer , comme j'avois
heureuſement commencé , à cacher à ſa femme
qu'il fût venu ſi près d'elle. Nous allons vous
quitter, ajouta-t-il en baiſſant les yeux , & nous
nous promettons de vous recevoir à Paris ; mais
vous avez dû comprendre que, dans les circonſtances où nous ſommes, la bienſéance ne nous
permet pas de voir mon épouſe. Chargez-vous,

me dit il encore , de la loger comme il convient
à fa condition, fans lui faire connoître que vous
m'ayez vu , & que vous fachiez où je fuis. Je
m'expliquerai davantage avec vous chez M.
le Comte de S.... , où vous me trouverez pref-
que à toutes les heures du jour.

Quoique chaque mot de ce difcours, & cette
crainte fur-tout de bleffer la bienféance en revoyant fa femme, fût capable d'allumer ma colere & mon indignation, je fis violence à tous
mes fentiments ; & concevant en effet qu'après
avoir fi peu gagné à leur apprendre qu'elle étoit
avec moi, j'avois plus à efpérer qu'à craindre
d'une entrevue qui ne fe feroit point fans quelque explication dangereufe , j'étois porté à fa-
vorifer fur le champ leur départ. D'ailleurs , s'il
me reftoit quelque efpérance de ramener Patrice à fon devoir, ce n'étoit pas dans la confufion d'une compagnie fi nombreufe que je
voulois m'attacher à cette grande entreprife, &
ma crainte n'étoit pas de manquer l'occafion de
le revoir à Paris : mais il me vint à l'efprit
deux objections que je lui propofai avec douceur : l'une, qui regardoit la difficulté de
cacher à ma belle fœur ce qui avoit été apperçu de fes domeftiques ; & je lui racontai là-
deffus les précautions que j'avois été forcé de
prendre pour empêcher qu'elle ne fût déjà
informée de fon arrivée. En fecond lieu, lui
dis-je, quelle apparence de la loger dans une
maifon étrangere , lorfque nous fommes tous
à Paris , & qu'elle n'ignore pas que Mylord Tenermill & Rofe y ont un établiffement ? J'avois
la larme à l'œil & l'amertume dans le cœur
en leur faifant faire cette derniere réflexion.
Mais ils ne parurent embarraffés que de la premiere. Ce n'eft point l'ufage de Paris, me dit
féchement Mylord Tenermill , qu'un étran-

ger se loge chez ses parents ni chez ses amis.
Pour l'autre difficulté, ajouta-t-il en s'adressant
à Patrice, c'est à vous d'examiner si vous êtes
disposé à risquer une visite dont il est difici-
le en effet que vous puissiez vous dispenser, s'il
est vrai que vous ayez été apperçu. Ils recom-
mencerent à délibérer sur un embarras si pres-
sant, & la conclusion fut que, dans les termes
où l'on étoit encore, cette civilité étoit indispensable. Mais Patrice ne put se résoudre à paroître seul. Il proposa au Comte & à Rose de
l'accompagner, tandis que Tenermill, qui n'é-
toit connu d'aucun de nos domestiques, demeu-
reroit avec mademoiselle de L... dans la chambre où nous étions. Cette résolution, à laquelle
j'étois fort éloigné de m'opposer, leur fit venir
aussi la pensée de se prémunir contre les embarras du logement. On convint que, pour sauver
l'indécence qu'il y avoit à ne pas se mêler de ce
soin, Patrice se chargeroit réellement d'en chercher un commode à Paris, & qu'il apporteroit
en même-temps ce prétexte pour abréger sa visite. Il devoit feindre aussi qu'un reste de crainte, qui venoit encore de son premier duel,
& qui l'obligeoit à garder quelques mesures,
ne lui permettoit pas de paroître assez ouvert-
tement pour se loger avec sa femme.

J'écoutai avec pitié cet odieux arrangement,
& j'admirois même qu'après la maniere dont je
m'étois expliqué, ils craignissent si peu de me
rendre témoin de leurs résolutions. Mais cette
pensée me consola, parce qu'elle sembloit me
laisser encore quelque ressource dans la bonté
de leur caractere. C'étoit beaucoup obtenir
que de les empêcher de rompre ouvertement
dans des circonstances qui seroient peut-être de-
venues irréparables. Je les pressai d'exécuter ce

qu'ils m'avoient promis. Nous laissâmes Tenermill avec mademoiselle de L..., qui paroif-
soit soutenir à regret un personnage si violent.

L'arrivée imprévue de Patrice, & la douceur que ma belle-sœur trouva sans doute à
se flatter que c'étoit l'impatience de la revoir
qui amenoit son mari au-devant d'elle, la mirent, pendant quelques moments, dans une des
plus agréables situations qu'elle eût éprouvé
depuis son mariage. Elle se précipita vers lui
avec une espece de transport, & dans l'excès
de sa joie elle avoit peine à trouver des expressions qui répondissent à ses sentiments. Il
parut embarrassé à recevoir ses caresses. Ce fut
pour s'en délivrer qu'il la pria de s'asseoir, &
n'ayant pu refuser de se placer près d'elle, il
eut la dureté de retirer sa main dont elle se sai-
sit plusieurs fois. S'il ne lui fit pas des reproches de son voyage, il fut si éloigné de lui en
marquer de la reconnoissance, que l'attribuant
au désir de voir Paris, il en prit l'occasion tout-
d'un-coup de lui parler des agréments de cette
ville, & du soin qu'il alloit prendre de lui
choisir un logement dans le plus beau quartier.
Mais c'étoit s'exposer à des objections que j'a-
vois prévues. Elle lui répondit que le lieu qu'il
habitoit seroit toujours le seul qui pût lui
plaire, & que, n'ayant quitté l'Irlande que pour
le rejoindre, elle n'avoit point d'autre demeure à choisir que la sienne. Ce fut-là qu'il voulut alléguer les excuses qu'il avoit préparées.
Mais elle y satisfit par des réponses si simples
& si naturelles, qu'il seroit tombé dans le dernier embarras, si Rose n'eût pris la parole pour
le soulager. Soit qu'elle craignît de lui voir
rompre toutes sortes de mesures, soit qu'elle
ne pût se défendre d'un juste sentiment de ten-

dreſſe & de compaſſion pour une femme aimable & malheureuſe, elle lui propoſa d'aller deſcendre aux Saiſons, où elle s'offrit à l'accompagner, pendant qu'on prendroit d'autres ſoins
pour ſe loger plus commodément à Paris. Ce
diſcours eut plus d'effet peut-être que Roſe ne
s'en étoit promis. En faiſant entendre que c'é-
toit faute de commodité que Patrice s'étoit défendu de demeurer avec ſa femme, elle écarta
les ſoupçons qui ne s'élevoient déjà que trop
dans l'eſprit de ma belle-ſœur; réparant par
cette marque d'amitié l'air de froideur & de
contrainte avec lequel elle avoit commeaffec-
té juſqu'alors de garder le ſilence, elle lui fit
prendre une meilleure opinion de l'accueil
qu'elle devoit eſpérer dans notre famille.

En effet, le changement que j'apperçus ſur
ſon viſage me fit juger qu'elle s'étoit raſſurée
par ces deux réflexions. Dans les mouvements
qu'elle avoit reſſentis à la vue de Patrice, elle
avoit fait peu d'attention aux premieres civilités de ma ſœur; & n'ayant jamais eu de liai-
ſon familiere avec elle, peut-être ne l'avoit-
elle pas reconnue. Mais ne pouvant douter à
qui elle parloit, après l'avoir entendue, elle
ſe leva pour l'accabler de careſſes, & pour la
remercier de ſes offres. J'étois attentif à toutes les circonſtances de ce ſpectacle. Enfin vivement pénétré du ſervice que Roſe venoit de
nous rendre, j'ajoutai mille choſes qui firent
une néceſſité à Patrice de l'approuver; & pour
ferrer de plus en plus ce nouveau nœud, je
préſentai le Comte de S..... à ma belle-ſœur,
comme un homme qui nous appartenoit déjà
par ſes engagements, & qui avoit trop de mérite pour ne pas ſentir tout ce qu'elle valoit
elle-même. Il ne put ſe diſpenſer de ſoutenir

ce compliment par toutes les galanteries qui
font familieres aux Français. Ainſi la converſation s'étant animée par degrés, & prenant un
tour fort civil & fort tendre, je commençois
à me flatter qu'il n'arriveroit rien du moins
qui pût troubler des apparences ſi tranquilles.

Je m'efforçois de les confirmer par tout ce
que je pouvois m'imaginer de plus doux & de
plus amuſant, lorſqu'un des gens de ma belle-
ſœur, celui qu'elle avoit envoyé ſecretement
chez Angleſey, entra dans la chambre, & s'approchant de l'oreille de ſa maîtrèſſe, lui tint un
diſcours qu'elle parut entendre avec beaucoup
d'émotion. Le ſilence auquel cet incident nous
força tout-d'un-coup, donna le temps à Patrice
qui étoit aſſez près d'elle, & que ſon inquiétude pour mademoiſelle de L..... portoit à la défiance, de recueillir la plus grande partie d'un
récit qui l'intéreſſoit. Je le vis fort ému à ſon
tour, juſqu'au point de ſe lever avec un mouvement fort animé, & de nous quitter ſans prononcer un ſeul mot. Ma belle-ſœur alarmée
d'un départ ſi bruſque, le pria inſtamment de
ne pas ſortir ſans l'écouter. Il deſcendit ſans
faire attention à ſa priere. Quoiqu'à la diſtance où j'étois je n'euſſe rien entendu qui fût
capable de me donner le moindre ſoupçon,
je ne pus douter qu'il n'eût été choqué de
quelque choſe que j'ignorois ; & remarquant
d'un autre côté la conſternation de ma belle-
ſœur, qui alloit juſqu'à me faire craindre qu'elle ne tombât ſans connoiſſance, je conjurai
Roſe & le Comte de ſuivre le foible Patrice,
& d'empêcher qu'il ne lui échappât rien d'indécent. Ils parurent entrer volontiers dans
mes vues. Je demeurai ſeul avec la triſte
compagne de mon voyage, qui juſtifia auſ-

si-tôt mes craintes en tombant dans un profond évanouiſſement. Elle fut aſſez long-temps dans cet état, & je m'empreſſai de la ſecourir par toutes ſortes de ſoins. Tandis que j'étois occupé autour d'elle, & que, pour éviter l'éclat, j'avois pris le parti de ne point employer d'autre aſſiſtance que celle du laquais qui étoit la cauſe de ce déſordre, j'entendis le carroſſe du Comte qui paroiſſoit s'éloigner de l'auberge. Le ſoupçon d'un nouveau malheur me fit mettre la tête à la fenêtre. Je le vis en effet qui reprenoit le chemin de Paris, & qui marchoit à grand train.

Dans quel excès de trouble ne retombai-je pas tout-d'un-coup? Rien ne m'aidoit à pénétrer le fond d'une ſi cruelle aventure; mais ſon obſcurité même fut un tourment ſi douloureux pour moi, que je me crus prêt à tomber dans le triſte état où je voyois encore ma belle-ſœur. Je demandai en vain des éclairciſſements au miſérable qui étoit venu ſouffler au milieu de nous le poiſon & la mort. Il paroiſſoit tremblant de crainte & de douleur; mais il refuſa abſolument de me répondre. Je lui ordonnai de deſcendre, du moins pour s'informer exactement qui venoit de partir dans l'équipage du Comte; & déſeſpérant de faire rappeller les eſprits à ma belle-ſœur ſans le ſecours de ſes femmes, je fus contraint de les faire appeller.

Elle tarda peu néanmoins à retrouver la connoiſſance; mais ſes yeux ne s'ouvrirent que pour verſer un torrent de pleurs, & ſa bouche pour ſe livrer aux plaintes les plus ameres. Elle demanda ce qu'étoit devenu ſon mari. Ses domeſtiques, qui s'étoient aſſemblés autour d'elle, ne purent lui déguiſer qu'il étoit parti. Ils avoient été témoins de la précipitation avec

laquelle il étoit defcendu ; & l'ayant obfervé
avec d'autant plus de curiofité qu'ils étoient
déjà inftruits de ce que nous avions voulu cacher, ils l'avoient vu délibérer un moment avec
fes compagnons, & regagner, comme à la déro-
bée, le carroffe du Comte avec eux. Ma belle-
fœur, encore plus frappée de ce récit, redoubla fes larmes en s'écriant qu'elle étoit perdue.
J'ignorois autant ce qui étoit capable de l'affliger à cet excès, que ce qui avoit pu faire
prendre à mes freres & à ma fœur une réfolution fi extraordinaire. Je la priai de m'éclaircir.
Ah ! me dit-elle, vous ne favez pas qu'il me
hait, & qu'il n'a jamais eu pour moi le moindre fentiment de tendreffe. Il eft paffionné pour
une autre femme. C'eft bien moins fon combat que l'envie de la fuivre qui l'a fait paffer
en France. J'ai tout appris, & j'ai eu la force
de vous le cacher. Mais pourquoi m'infulter,
continua-t-elle ? Pourquoi joindre l'outrage à
la trahifon ? Croiriez-vous que dans le temps
qu'il vient m'amufer ici par un faux femblant
de complaifance & de zele, il travaille à faire
caffer notre mariage ? Avez-vous vu une femme qui étoit ici à l'attendre ? C'eft fa maîtreffe ; il n'a pas eu honte de l'amener avec lui.

Elle ordonna là-deffus à fes gens de me raconter ce qu'ils avoient appris de ceux du Comte. Ces malheureux, dont la plupart font auffi
peu capables de difcrétion que de fidélité &
d'honneur, s'étoient entretenus en effet des affaires de leurs maîtres, & l'un des nôtres,
pour qui ma belle-fœur avoit une certaine confiance, s'étoit hâté de lui venir apprendre tout
ce qu'il avoit pu découvrir. Je conçus alors
que Patrice, qui avoit prêté l'oreille à fon difcours, n'avoit pu foutenir plus long-temps la

préfence d'une femme qu'il outrageoit ; & que
s'étant retrouvé avec Tenermill & le Comte,
ils avoient conclu enfemble qu'après l'éclairciffement qu'elle venoit de recevoir il n'y
avoit plus de mefures à garder avec elle. Toutes les réflexions qui fe préfenterent à mon efprit n'étant d'aucun fecours pour le mal préfent, j'employai mes efforts à la confoler. Avec
quelques foins que Patrice pût me fuir, je ne
craignois pas d'être trop long-temps à le retrouver. Ainfi je promis hardiment à ma belle-
fœur que nous ne pafferions pas vingt-quatre
heures fans le revoir. Repofez-vous , lui dis-
je , fur mon honneur & fur mon zele. Le malheur dont vous vous croyez menacée ne fau-
roit être l'ouvrage d'un jour. J'ai des reffour-
ces que je ne vous explique point. Si l'efpérance que j'ai encore de ramener mon frere à
fon devoir ne réuffit point par les premieres
voies que je veux tenter , je vous engage ma
parole que celles que je réferve à l'extrêmité
feront plus infaillibles.

En effet, l'indignation dont j'étois rempli me
fit naître tout-d'un-coup quantité d'expédients
dont le fuccès me parut certain. Mais la difficulté préfente étoit de me déterminer fur le
lieu où nous devions defcendre à Paris. Cependant l'arrivée de Jacin & l'impatience que
j'eus de l'accabler de reproches , me firent fufpendre cette délibération. J'allai vivement au-
devant de lui , autant pour fuivre le mouvement qui m'agitoit , que pour dérober cette
nouvelle fcene à ma belle-fœur. L'embarras
avec lequel il m'aborda me fit juger qu'il fa-
voit une partie du mal qu'il avoit caufé. Son
repentir n'étant pas une fatisfaction fuffifante,
je le reçus d'un air terrible, & je le traitai

avec les termes les plus durs. Je connois ma
faute, me dit-il; cependant vous me trouverez
excufable fi vous voulez m'entendre. Mais,
reprit-il, avant que de vous raconter avec quelle fidélité j'ai exécuté vos ordres, je dois m'ac-
quitter d'une commiffion encore plus preffan-
te. Il continua de me dire qu'il avoit rencontré
le carroffe du Comte de S....... & que s'étant
approché de la portiere, ma fœur lui avoit ordonné fecretement de faire la derniere diligence pour me venir conjurer de fa part de ne pas
choifir d'autre demeure que les Saifons. Elle
vous promet, ajouta-t-il, de ne pas perdre un
moment pour s'y rendre. Je regardai le foin
qu'il avoit de commencer par une déclaration
fi agréable, comme un tour fort adroit pour
m'appaifer. Cette nouvelle me caufa en effet
tant de fatisfaction, qu'elle diffipa tout-d'un-
coup mon reffentiment.

L'ayant preffé néanmoins d'achever, il me dit
que, dans la crainte de s'écarter de mes ordres,
il avoit caché à M. le Comte, non-feulement
l'arrivée de ma belle-fœur, mais la commiffion
que je lui avois donnée de chercher mes freres.
C'étoit ce malheureux excès de précaution qui
avoit caufé tout le trouble, parce qu'étant allé
aux Saifons, où il avoit efpéré de les trouver,
le Comte, à qui il n'avoit pas recommandé le
filence, & qui pouvoit les joindre bien plutôt
que lui, puifqu'ils étoient à Paris & dans fon
voifinage, leur avoit communiqué auffi tôt ce
qu'il venoit d'apprendre. Ils étoient partis fur le
champ pour Saint Denis; de forte que n'ayant
pu favoir qu'aux Saifons que c'étoit à Paris
qu'il devoit retourner pour les voir, il avoit eu
le chagrin de les trouver partis à fon retour.
S'imaginant bien que toute fa diligence pour les

prévenir

prévenir seroit inutile, il avoit employé le temps
à s'informer de la situation de leurs affaires. Elle
étoit heureuse du côté de la fortune ; mais il
trembloit, me dit-il, à m'apprendre que mon
frere devoit épouser mademoiselle de L.... Une
nouvelle si étrange l'ayant fait remonter à cheval
aussi-tôt, il avoit conçu que ce seroit une triste
entrevue que celle de Patrice & de ma belle-
sœur ; & ce qu'il avoit appris, ajouta-t-il, des
domestiques qui suivoient le carrosse du Comte, n'avoit que trop confirmé ses conjectures.

Sans répondre à ce récit, je lui fis reprendre
sur le champ le chemin des Saisons, pour y faire préparer toutes les commodités nécessaires.
Il ne me restoit de sa relation que le chagrin de
voir nos affaires trop connues de nos domestiques, & celui même d'en croire le public à de-
mi informé ; mais cette peine étoit si avantageu-
sement compensée par la joie que je ressentis
de l'attention de Rose, que je me hâtai de rejoindre ma belle-sœur pour la consoler par
cette nouvelle. J'avois eu peine à concevoir
que Rose, après avoir paru s'attendrir sur son
malheur, eût pu se résoudre à l'abandonner tout-
d'un-coup, & je m'étois imaginé avec raison
qu'elle y avoit été forcée par Tenermill. A l'é-
gard du Comte, j'étois sûr que n'étant point
capable de prendre un autre parti qu'elle, il me
seroit aisé de le faire entrer dans le nôtre si elle
nous devenoit favorable. Je fis faire toutes ces
réflexions à ma belle-sœur, & l'exhortant à tout
espérer de la protection du Ciel, vous vous êtes
abattue trop tôt, lui dis-je en me rapprochant
d'elle, & vous devez vous défier une autre fois
des apparences. Je voulois lui rendre un peu de
confiance & de hardiesse pour répondre à mes
vues. Je n'ignore point, ajoutai-je, les justes

III. Partie. H

raiſons que vous avez de vous plaindre ; mais
ne les groſſiſſez-vous pas par des ſoupçons ſans
fondement ? Ce que j'ai à vous apprendre, c'eſt
que vous êtes attendue aux Saiſons ; & Roſe,
qui m'a fait prier de vous y conduire, ne m'auroit pas donné cet ordre ſans la participation de
votre mari. Je réuſſis aſſez heureuſement par
cette voie à lui faire modérer des tranſports
qu'elle ſe repentoit elle-même d'avoir fait éclater devant ſes domeſtiques. Nous prîmes le chemin de Paris. J'obſervai pendant la route de
ne l'entretenir de rien qui ne pût contribuer à
ſa tranquillité. Elle paroiſſoit ſe rendre à mes
raiſons ; & comme je ne demandois d'elle que
de ſavoir du moins ſe compoſer au dehors,
j'aurois été content de l'état où je la voyois, ſi
elle avoit eu la force de s'y ſoutenir.

Mais en traverſant Paris pour gagner la porte
qui conduit aux Saiſons, un malheureux hazard nous fit paſſer dans une rue fort embar-
raſſée, où notre carroſſe fut arrêté quelques
moments à la ſuite d'une infinité d'autres. J'ouvris ma portiere pour reconnoître la cauſe du
déſordre. A vingt pas de nous j'apperçus à la fenêtre d'une fort belle maiſon mademoiſelle de
L... & Patrice qui paroiſſoient s'entretenir avec
beaucoup d'attention. Mon premier mouvement fut de fermer la portiere, & de me baiſſer
même devant la glace, pour dérober ce ſpectacle à ma belle-ſœur ; mais ſes yeux n'avoient
été que trop prompts à lui rendre un mauvais
office. Elle avoit découvert auſſi-tôt que moi
ce que je voulois lui cacher, & ſon imagination ſe rempliſſant de toutes les craintes que
l'amour & la jalouſie ſont capables d'inſpirer,
elle ſe livra aux plus amers ſentiments de la douleur. Ses agitations furent ſi violentes, que dans

tout-autre lieu j'aurois pris le parti de la faire descendre pour ménager sa santé. Mais la crainte de quelque scene encore plus fâcheuse me fit presser le cocher de gagner les Saisons.

Le désespoir de ma compagne n'ayant fait qu'augmenter pendant le reste du voyage, elle se trouva si mal à son arrivée, qu'elle fut obligée de se mettre au lit. Je remarquai aisément qu'elle étoit plus dangereusement atteinte qu'elle ne se l'imaginoit ; & pénétré jusqu'au fond du cœur de l'infortune d'une femme si aimable, je m'agitai avec les plus vifs empressements pour la soulager. Elle fut sensible à mon zele, & ce fut dans ce moment que m'ouvrant son cœur avec autant de soupirs que de mots, elle me raconta volontairement toute l'histoire de ses peines. Quoiqu'il n'y eût rien de nouveau pour moi dans son récit, l'excès de son affliction redoubla ma pitié. Je lui promis avec serment de faire désormais mon plus cher intérêt du sien, & de rompre même ouvertement avec son mari, s'il s'obstinoit à s'écarter de son devoir. A l'objection qu'elle me fit sur le peu de fruit qu'il falloit espérer de la violence, puisqu'elle ne pouvoit servir qu'à éloigner de plus en plus un cœur qui n'avoit jamais eu pour elle le moindre sentiment de tendresse, je répondis qu'un ingrat ne méritoit point d'être ménagé, & qu'il ne falloit pas craindre d'employer la rigueur quand tous les efforts de l'amour & de la bonté se trouvoient inutiles. J'étois plus indigné qu'elle, & dans certains moments je serois parti volontiers pour S. Germain, résolu de me jetter aux pieds du Roi, & de solliciter son autorité en faveur de l'innocence, contre les derniers excès de la cruauté. J'avois donné ordre en arrivant qu'on se hâtât d'appeller un Médecin. Le bruit d'un carrosse que j'entendis dans la cour me fit juger qu'on nous l'amenoit déjà , & je descendis pour le recevoir. Mais quelle fut ma surprise de voir venir vers moi Rose & mademoiselle de L.... qui étoient déjà au pied de l'escalier !

Je les arrêtai. Quoi ! dis-je à mademoiselle de L... avec un mouvement d'indignation que je ne pus retenir , vous osez paroître dans un lieu que vous remplissez de tristesse & d'amertume ! Que faites-vous ici ? Venez-vous insulter à des malheurs dont vous êtes la cause, & que vous devez vous reprocher ? Ma sœur embarrassée d'un compliment si brusque , me répondit en Irlandois que j'avois tort d'accuser sa compagne sans l'avoir entendue ; & m'ayant pressé d'entrer dans une salle voisine , elle me pria de m'asseoir & de l'écouter. Mademoiselle de L... se jetta dans un fauteuil à quelque distance de nous. Je remarquai qu'elle avoit les yeux mouillés de larmes , & qu'appuyant le coude sur une table , elle se cachoit le visage de la main pour pleurer librement.

Vous auriez ménagé vos expressions, me dit ma sœur, si vous aviez su le motif qui nous amene. Mademoiselle de L... sur qui vous rejettez les maux dont on se plaint ici, n'est venue que pour les réparer. Elle entre d'elle-même dans les raisons qui doivent lui faire abandonner ses espérances, & rejettant toutes les facilités qu'on lui offre encore pour les faire réussir, elle a conçu que la bienséance & la justice lui imposent d'autres loix. Je demandai à Rose si elle parloit sérieusement. Oui, reprit-elle, & je vous réponds que je ne serai point démentie. C'est une violence que mademoiselle de L... a le courage de faire à ses inclinations. La générosité

& l'honneur ont pris l'afcendant fur l'amour.
Mais je ne vous garantis pas fi hardiment, continua-t-elle, que l'efprit de mon frere foit facile à ramener. Il a de juftes fujets de plaintes ;
& fi fa femme eft auffi paffionnée pour lui qu'elle paroît fouhaiter qu'il le penfe, il eft étrange
qu'elle ait employé pour toucher fon cœur
d'auffi mauvaifes voies que la violence. Il lui
pardonnera difficilement l'aventure de Dilnick.
C'eft fur ce fondement, ajouta Rofe, que j'ai
prêté la main moi-même aux projets de féparation ; & je vous confeffe, me dit-elle en baif-
fant la voix, que, malgré toute la compaffion
qu'elle m'a infpirée à S. Denis, je n'aurois
pas changé tout-d'un-coup de difpofition, fi
mademoifelle de L... ne s'étoit portée d'elle-
même à lui facrifier tout fon penchant.

Le récit du valet de chambre de Patrice
m'étoit trop préfent pour ne me pas faire rappeller auffi-tôt le jugement que ce garçon avoit
porté lui même du combat de fon maître, &
je commençois dès ce moment à me former
une opinion plus favorable de mon frere, en
voyant que les extrêmités où il en vouloit venir avec fa femme avoient du moins quelque
apparence de juftice & de raifon. Comme il m'é-
toit facile de ruiner ce prétexte par le témoignage réuni de Dilnick & de ma belle-fœur, j'aurois cru la paix prête à renaître, & je me ferois
livré tout-d'un-coup à cette efpérance, fi je
n'avois été arrêté par d'autres difficultés fur
lefquelles ma fœur paffoit trop légérement.
Après tant de preuves d'une paffion auffi vive
que celle de mademoifelle de L...., je ne pouvois me perfuader qu'en un moment elle eût
remporté fur elle une victoire fi certaine. J'aurois voulu favoir tout ce qui s'étoit paffé en-

tr'elle & Patrice depuis leur départ d'Irlande.
J'étois curieux d'apprendre pourquoi ils étoient
partis si brusquement de S. Denis , & comment
on prétendoit concilier la résolution de renoncer l'un à l'autre , avec ces marques de tranquillité & d'intelligence avec lesquelles je les
avois vus s'entretenir à leur fenêtre une heure
auparavant. Enfin , s'il étoit vrai que la disposition où l'on me représentoit mademoiselle de
L.... fût sincere , quel besoin de venir aux Saisons , & pourquoi se mêler dans une affaire à
laquelle elle ne devoit plus prendre d'intérêt ?

J'allois presser Rose sur tous ces articles ,
lorsqu'on m'avertit de l'arrivée du Médecin.
L'attention que je devois à la santé de ma-
belle-sœur me fit souhaiter d'entendre le jugement qu'il alloit porter de sa maladie. M'étant
levé pour le suivre , je fus étonné de voir que
mademoiselle de L.... & Rose se disposoient à
m'accompagner. Non , dis-je à ma sœur, dans
l'état où je viens de laisser une femme pour qui
je ne puis avoir trop de considération & de respect , il ne me seroit point pardonnable de lui
présenter la cause de toutes ses peines. Quelque
idée que je doive prendre du dessein qui amene
mademoiselle , je ne souffrirai point qu'elle paroisse devant ma belle-sœur. Pour vous , continuai-je en m'adressant encore à Rose , vous
pouvez me suivre à sa chambre ; & si vous avez
quelque chose d'agréable à lui annoncer , je ne
doute pas que vous ne soyez plus utile à sa santé
que tous les secours de la médecine. Je m'apperçus du chagrin que ce refus causoit à mademoiselle de L... Elle reprit tristement la posture où
elle étoit. Rose l'embrassa , en lui disant quelques mots d'amitié que je ne pus entendre , &
elle la fit consentir à demeurer seule un moment.

L'embarras du Médecin & son langage équivoque m'alarmerent férieufement pour ma
belle-fœur. Je le pris à l'écart, autant pour
m'affurer de fa fituation, que pour laiffer la liberté à Rofe de la confoler par des affurances
d'autant moins fufpectes, qu'elles ne pouvoient
paroître concertées. Le Médecin avoit démêlé
fort habilement que fon mal ne venoit point
d'une caufe ordinaire, & ne me déguifant point
le danger, il me confeffa que fi l'on ne trouvoit
pas quelques moyens d'arrêter le défordre dans
fa fource, il efpéroit peu d'effets des remedes
de l'art. Nous raifonnâmes long-temps fur les
fymptômes qu'il avoit obfervés, tandis que ma
fœur s'efforçoit de la confoler par fes exhortations & fes careffes. Mais loin de la rendre plus
tranquille, quelques mots qui lui échapperent
indifcretement fur le projet de féparation, donc
elle la croyoit bien informée, augmenterent fa
douleur & fon trouble. Le Médecin s'étant rap-
proché de fon lit, lui trouva des fignes fi ef-
frayants, qu'ils me firent penfer férieufement à
faire avertir Patrice. Je defcendis dans ce deffein, après avoir prié fecretement ma fœur de
remettre à quelque moment plus favorable une
explication qui ne pouvoit faire beaucoup
d'impreffion fur elle dans toute autre bouche
que celle de fon mari. Nous la laiffâmes entre
les mains de fes femmes. Rofe me fuivit pour
rejoindre fa compagne, & je lui promis de me
rendre auprès d'elle au même moment, pour
approfondir ce qu'elle avoit commencé à m'expliquer. Mais un grand cri qu'elle jetta en mettant le pied dans la falle m'ayant fait tourner
auffi-tôt du même côté, je vis comme elle,
mademoifelle de L... étendue fans aucun figne
de connoiffance. Ma frayeur fut égale à la fien-

ne. Heureusement que le Médecin pouvoit être appellé à l'instant. Il employa plusieurs opérations qui furent long-temps inutiles; & ce ne fut qu'après une demi-heure d'inquiétude que nous commençâmes à prendre quelque espérance. Vous tremblez avec raison pour votre belle-sœur, me dit le Médecin, mais je n'ai pas meilleure opinion de cette jeune personne, & je suis trompé si une altération si subite ne la réduit pas bientôt à la même extrêmité. Il ordonna là-dessus qu'elle fût promptement mise au lit, & qu'on écartât tout ce qui pouvoit troubler le repos qui lui étoit nécessaire.

Quoique le triste état où je voyois mademoiselle de L.... ne me permît pas de balancer à lui offrir toutes sortes de secours, je sentis à quoi j'allois m'exposer en lui accordant un lit sous le même toit que celui de ma belle-sœur. Ne pouvant me dispenser de faire appeller Patrice, c'étoit le prolonger dans l'abyme d'où l'on me faisoit espérer qu'il pourroit sortir. Je communiquai mes craintes à Rose, qui les trouva justes. Cependant comme il ne s'offroit point deux partis entre lesquels on pût délibérer, il fallut céder à des nécessités également pressantes. Je fis ouvrir à mademoiselle de L... l'appartement le plus éloigné de celui de ma belle-sœur, & je me hâtai d'envoyer dire à mes freres qu'ils devoient se rendre aux Saisons sans perdre un moment.

En raisonnant avec Rose sur l'accident imprévu de sa compagne, j'appris quantité de circonstances qui me disposerent beaucoup mieux en sa faveur. Sans s'engager encore dans le détail que je souhaitois d'apprendre, ma sœur me raconta que peu de semaines auparavant, Mylord Tenermill, qui ne cherchoit qu'à favori-

fer la paffion de mon frere, avoit propofé à mademoifelle de L... de prendre un appartement
dans la maifon qu'il occupoit avec Rofe & Patrice. Elle y étoit portée d'inclination, puifqu'elle paffoit fa vie avec eux; mais une délicateffe
d'honneur lui avoit fait penfer que la bienféance en feroit bleffée ; & de cette réflexion elle
étoit venue à s'obferver avec tant de rigueur,
qu'elle refufoit conftamment de recevoir Patrice feul dans fa propre maifon. Je fis à ce récit les objections qui fe préfentoient naturellement. Elle l'a fait venir d'un bout de l'Irlande
à l'autre, dis-je à ma fœur, pour paffer près de
trois femaines avec lui chez Anglefey. Elle eft
revenue en France dans le même vaiffeau. Elle
a reçu continuellement fes foins. Elle eft entrée dans tous les projets qui ont été formés
contre ma belle-fœur : & fans doute qu'elle les
a fait naître autant par fes propres défirs, que
par fa complaifance pour ceux de fon amant.
Donnerez-vous le nom de bienféance à une
conduite fi libre? Aujourd'hui même, ajoutai-je, ne les ai-je pas vus tous deux à la même
fenêtre, dans un oubli d'eux-mêmes qui ne
peut être attribué qu'à l'ivreffe de l'amour ?

Il eft vrai qu'ils s'adorent, me répondit ma
fœur, & le malheur qui a divifé deux cœurs
que je crois faits l'un pour l'autre eft un de
ces coups du Ciel qu'il ne faut point entreprendre d'expliquer. Mais ne les foupçonnez de
rien qui forte des bornes de l'innocence. J'é-
tois avec eux lorfque vous les avez vus à la
fenêtre, & fi vous voulez juger du refte par le
fujet de cette entrevue, vous prendrez peut-
être une meilleure opinion de leurs principes.
Ils ont été confternés tous deux de l'arrivée
imprévue de votre compagnie ; & de quelque

espoir qu'ils se fussent flattés, un contre-temps
si peu attendu a ébranlé leurs résolutions. Mademoiselle de L.. a compris que les raisons mêmes
qui suffiroient pour faire rompre le mariage de
mon frere, ne seroient pas capables de justifier
les engagements qu'il veut prendre avec elle ;
en un mot, que les plus justes plaintes passent
pour autant de prétextes & d'artifices, lorsqu'on
ne cherche à secouer un joug incommode que
pour satisfaire une passion violente. L'honneur
alarmé, la crainte d'un éclat qui la perdroit de
réputation & peut-être le doute du succès, l'ont
troublée jusqu'à lui faire garder un morne silence, qui a jetté mon frere dans de mortelles inquiétudes ; & lorsqu'il l'a pressée de s'expliquer, elle n'a ouvert la bouche que pour me demander un entretien secret, dont elle faisoit même difficulté de l'avoir pour témoin. Cependant n'ayant pu résister à ses instances, elle m'a
protesté devant lui que, malgré toute la force
de sa passion, elle étoit résolue de contraindre
ses sentiments. La douleur qui étoit peinte dans
ses yeux m'a fait juger, qu'éprouvant déjà
une partie des tourments auxquels elle s'exposoit, elle étoit capable de les soutenir avec constance, puisqu'elle n'en étoit pas effrayée. Toute la compassion que je sentois pour Patrice ne
m'a pas empêché de louer un si noble effort.
Il paroissoit aussi abattu de cette sentence que de
celle de sa mort ; & lorsqu'elle a parlé de s'é-
loigner sur le champ pour le fuir, il auroit
poussé des cris, si Georges, qui est survenu,
& devant qui il n'a pu se contraindre, n'avoit
calmé cet orage par une autre proposition. Si
vous perdez absolument, a-t-il dit à mademoiselle de L.... le dessein de faire rompre les mal-
heureuses chaînes de mon frere, qui vous em-

pêche de vivre du moins avec nous & de chercher votre confolation dans une fociété pleine
de charmes ? Vous aurez pour dédommage-
ment la tendre amitié de ma fœur, l'attachement du Comte de S.... & le mien, la compagnie d'un homme qui vous eft cher, & l'eftime fans doute d'une femme qui fentira ce qu'elle vous doit, lorfqu'elle apprendra quel facrifice vous faites à fon honneur & à fon repos.
Craignez les réfolutions violentes , a continué
Georges , elles expofent à d'amers repentirs :
au lieu que fans rien altérer à vos principes ,
ni peut-être à vos fentiments, vous pouvez
vous affurer mille douceurs que vous regrette-
riez infailliblement d'avoir perdues. Il nous a
fait là-deffus le plan d'un commerce qui peut
devenir en effet une fource de délices pour
toute notre famille. Mademoifelle de L... fera
fa demeure avec moi lorfque je ferai l'époufe
du Comte. Nous nous réconcilierons avec notre belle-fœur. Patrice s'efforcera de bien vivre
avec elle. Il nous l'a promis lui-même, lorfqu'il
a vu que c'étoit l'unique moyen de retenir
mademoifelle de L... avec nous. Enfin c'eft fur
fa parole que nous fommes ici elle & moi, pour
faire les premières ouvertures de notre réconci-
liation ; & quoique le trouble où elle eft encore ait pu lui caufer l'altération où nous ve-
nons de la laiffer , je connois affez la droiture
& l'honnêteté de fon cœur pour vous répondre de tous fes fentiments.

Rofe me regarda d'un œil fatisfait après ce
difcours ; & la connoiffant fi bien moi-même,
je ne pus douter qu'elle ne fût perfuadée de ce
qu'elle m'expofoit avec tant de confiance. Mais
je confervois trop fidelement dans ma mémoire les maximes & les difcours de Georges pour

me livrer avec autant de crédulité qu'elle aux
espérances qui remplissoient son imagination.
Ces projets de société, dont elle étoit si touchée,
ne furent pour moi qu'un voile odieux sous lequel Georges cherchoit à dérober les vues qu'il
n'avoit pas rougi de me confesser. Votre bonté
vous aveugle, dis-je à Rose ; vous ne vous dé-
fiez pas d'un mal dont vous ignorez peut-être
la nature. Mademoiselle de L..., aussi crédule
que vous, ne voit pas non plus le précipice où
elle se laisse entraîner. Voudriez-vous contribuer à sa perte ? non ; mais il ne vous est pas
tombé dans l'esprit que toutes vos mesures
ne peuvent avoir d'autre terme. Que ne puis-
je croire avec autant de confiance que Patrice n'est pas plus coupable que vous !

L'étonnement de ma sœur me persuadant
encore plus qu'elle ne méritoit point mes reproches, j'achevai de lui expliquer les soupçons
qui m'agitoient, & je la conjurai pour l'honneur de notre famille, autant que pour le sien,
de ne pas se mêler dans un complot téméraire, dont nous ne devions attendre que des suites criminelles & funestes. J'aurois peut-être
vaincu ses préventions, & j'expliquois déjà son
incertitude en ma faveur, lorsqu'on vint m'a-
vertir que Patrice arrivoit avec Georges. Il m'é-
toit bien plus important d'aller à leur rencontre & de m'assurer de leurs intentions, que
de gagner l'esprit de Rose. Je me hâtai assez
pour les joindre avant qu'ils eussent reçu la
moindre information des domestiques. Patrice, que j'embrassai le premier, me parut dans
une agitation extraordinaire. Je lui demandai
ce qui étoit capable de l'émouvoir à ce point ?
Il recommença lui-même à m'embrasser, & le
mouvement dont il accompagna cette caresse

me fit connoître encore mieux son trouble.

J'aurois souhaité de pouvoir le prendre à l'é-
cart, & d'éviter sur-tout les raisonnements cap-
tieux de Georges, dont je prévoyois que j'aurois beaucoup de peine à me défendre. Mais
leur empressement paroissant égal, je fus obligé d'essuyer successivement toutes leurs questions. Ils voulurent savoir si j'avois vu Rose, & si elle s'étoit fait accompagner de mademoiselle de L..., ce qu'elles avoient dit à ma
belle-sœur, de quelle maniere elles en avoient
été reçues ; enfin tout ce qui s'étoit passé dans
une visite dont ils me confesserent qu'ils ap-
préhendoient mortellement le succès. Elles
étoient parties sans les avoir avertis de leur dessein, & quelqu'apparence de consentement
que Patrice eût donné à leurs résolutions, il n'a-
voit point appris sans une vive alarme qu'elles
avoient marché presqu'aussi-tôt sur nos traces.

J'écartai l'idée de mademoiselle de L..., par
une réponse capable de saisir toute l'attention
de Patrice. Le Ciel vous amene heureusement,
lui dis-je ; ou plutôt, ajoutai-je d'un air atten-
dri, je ne vous crois point capable de donner
le nom de bonheur au spectacle qui vous attend,
& je ne le donne moi-même qu'aux circonstances de votre arrivée. Votre épouse est dans un
état qui fait trembler pour sa vie. Venez la consoler par votre présence. Si vous êtes ici dans ce
dessein, je vous rends sans explication mon estime & mon amitié. Mais si la tendresse & le
devoir ne vous font rien sentir dans cette occasion pour une femme à qui vous êtes lié par
tant de nœuds sacrés, je vous regarde comme
un monstre, & je veux être le premier à vous
détester. Venez, cher Patrice, continuai-je en
le prenant par la main ; écoutez un moment la

bonté de votre cœur ; fongez qu'il n'eft point
de plaifirs fans honneur & fans vertu, & faites
une fois l'eſſai de ceux que le Ciel a mis entre
vos mains. Georges m'interrompit. Il verra
volontiers fa femme, me dit-il ; & ſi vous favez la réfolution qu'il a priſe, vous ne devez
pas vous plaindre de ſes intentions. Ah ! tout
ce qui vient de vous m'eſt fufpect, lui répondis-je fans le ménager ; & quand il reprendra
du goût pour fon devoir, je n'en ferai point
honneur à vos conſeils. Cette réponſe étoit cho-
quante ; mais loin de s'en offenſer, Georges la
reçut avec un fourire, qui fembloit marquer
combien il fe croyoit fupérieur à mes reproches.

Nous étions à la porte de ma belle-fœur.
Patrice ne refuſa point d'entrer. Il s'approcha
même de fon lit avec un air d'empreſſement
dont j'aurois bien auguré dans des conjonctu-
res moins tumultueuſes. Il l'embraſſa, & ſes
premières expreſſions furent du moins des témoignages de politeſſe. Elle, qui ne s'arrêtoit
point à diſtinguer entre la fincérité & les apparences, & qui, loin de s'attendre à tant de complaiſance, avoit redouté quelque déclaration
funeſte en le voyant paroître ; elle enfin à qui
tout étoit cher & précieux de la part d'un mari ſi
tendrement aimé, fe livra au plaiſir de le retrouver tel du moins qu'elle l'avoit vu avant les mal-
heureuſes preuves qu'elle avoit eues de fon ingratitude. Je remarquai l'effet que cette penſée
produiſoit fur elle ; & voulant tirer d'une diſpoſition ſi favorable tout l'avantage que j'en devois
eſpérer pour fa guériſon, je faiſis ce moment
pour hazarder quelques explications que Patrice ne pouvoit déſavouer. Sans nommer mademoiſelle de L...., je parlai du premier incident

qui avoit troublé leur repos, comme d'un mal-
entendu dont il ne falloit accuser que l'imprudence & la vivacité de Dilnick. J'attribuai leurs
peines mutuelles à cette fâcheuse cause ; & réu-
nissant toutes les lumieres que j'avois pu recueillir sur leur conduite, je les engageai à confesser, lui qu'il ne se seroit jamais porté à des
résolutions violentes sans la fausse idée qu'il
avoit pris des sentiments de sa femme ; elle,
qu'à l'exception de cette erreur, elle n'avoit
jamais trouvé dans son mari que de la douceur
& de la complaisance, au milieu même des infirmités & de la langueur où il avoit vécu depuis
leur mariage. J'ajoutois ces derniers mots pour
prévenir adroitement d'autres objections. Vos
chagrins, repris-je, sont donc autant de chi-
meres, qui peuvent être détruites & réparées
en un moment. Mon frere, ajoutai-je en m'a-
dressant à elle, vient de vous promettre toute
la fidélité & la tendresse qu'il doit à ses engagements, & je suis sûr que vous ne soupçonnerez point sa bonne-foi dans un retour si libre
& si volontaire.

Soit que la force des circonstances fît une
véritable impression sur le cœur de Patrice,
soit qu'il fût uniquement sensible à la crainte
de perdre mademoiselle de L..., dont les résolutions lui étoient peut-être beaucoup plus pré-
sentes, il seconda mon discours par des marques de sincérité qui ne me parurent point sus-
pectes. Sa femme attendrie jusqu'au fond du
cœur, lui tint compte de ses moindres complai-
sances ; & cette facilité à se laisser persuader venoit bien plus, sans doute, de l'ardeur de ses propres sentiments, que du témoignage qu'elle recevoit de ceux d'autrui. Mais enfin j'aurois fait
fond comme elle sur les dispositions de Patrice,

fi je n'euffe appréhendé pour lui une autre épreuve, que je n'avois aucune efpérance de lui faire éviter. Il étoit impoffible de lui déguifer la vifite & l'accident de mademoifelle de L... Georges, qui ne nous avoit pas fuivis dans l'appartement de ma belle-fœur, en étoit déjà informé. Quel fujet d'inquiétude au milieu des efpérances dont je commençois à me flatter ! Je m'imaginai néanmoins que s'il y avoit quelque chofe à fe promettre de la bonté du Ciel, c'étoit dans un moment où le cœur de mon frere avoit paru fenfible à fon devoir. Il ne falloit pas lui laiffer le temps de fe refroidir. Au lieu de recourir à des déguifements dont le fuccès étoit incertain, je réfolus de le conduire fur le champ à l'appartement de mademoifelle de L... & de les aider tous deux, par de nouvelles inftances, à remporter fur eux-mêmes une victoire que je croyois fort avancée.

Fin de la troifieme Partie.

www.ingramcontent.com/pod-product-compliance
Lightning Source LLC
Chambersburg PA
CBHW060430090426
42733CB00011B/2220